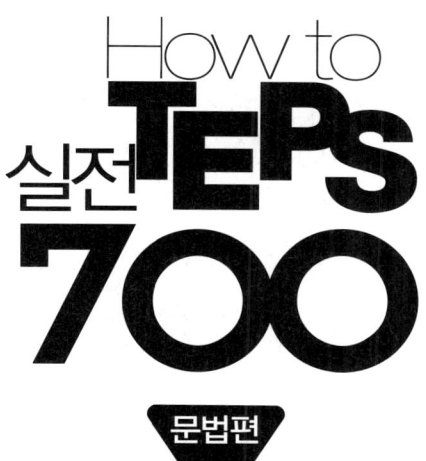

How to
실전 TEPS 700
문법편

How to TEPS 실전 700 문법편

지은이 이신영 · 넥서스 TEPS연구소
펴낸이 안용백
펴낸곳 (주)넥서스

출판신고 1992년 4월 3일 제311-2002-2호 ①
121-840 서울시 마포구 서교동 394-2
Tel (02)330-5500 Fax (02)330-5555

ISBN 978-89-5797-473-5   13740
     978-89-5797-470-4   (세트)

가격은 뒤표지에 있습니다.
잘못 만들어진 책은 구입처에서 바꾸어 드립니다.

www.nexusEDU.kr
NEXUS Edu는 (주)넥서스의 초·중·고 학습물 전문 브랜드입니다.

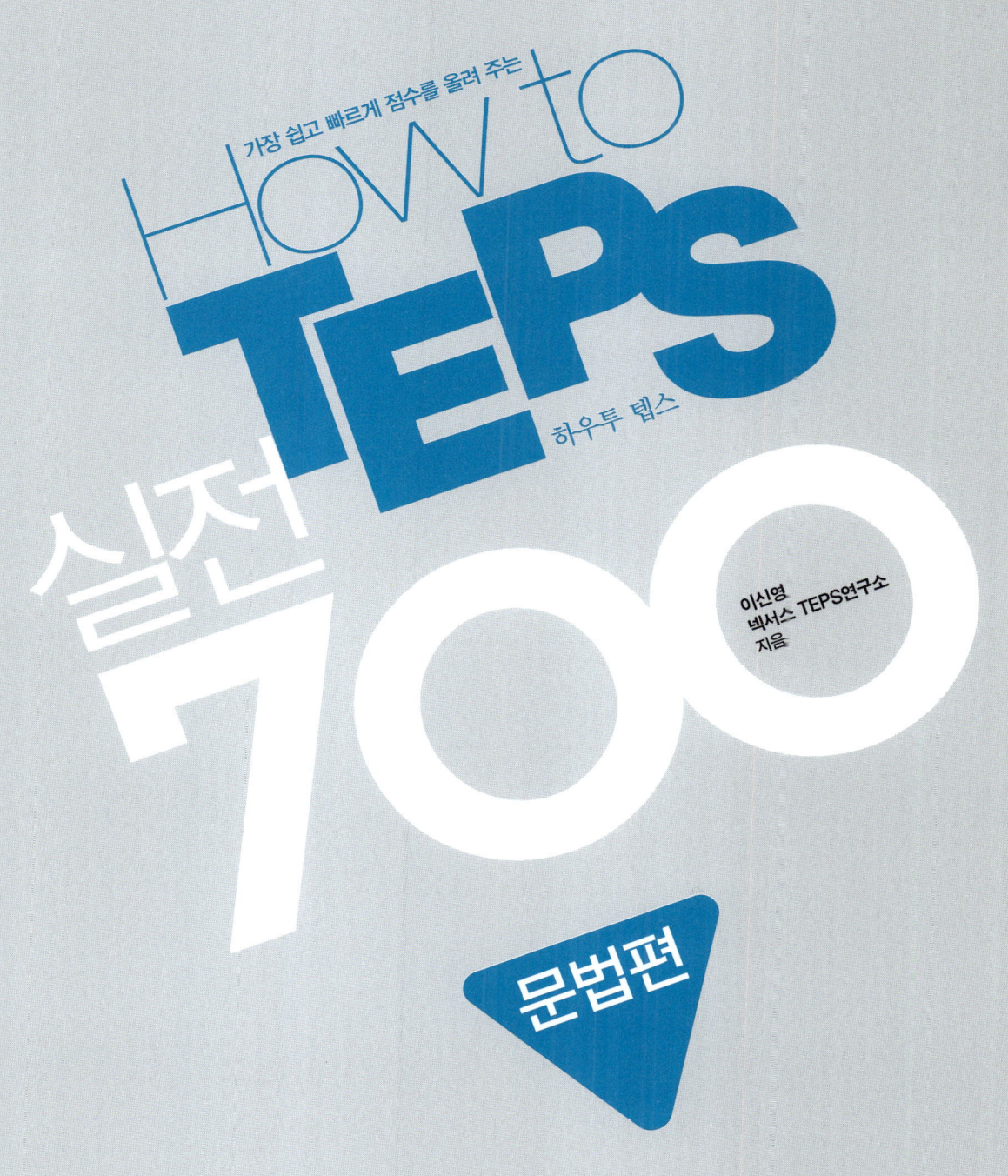

가장 쉽고 빠르게 점수를 올려 주는

How to TEPS

하우투 텝스

실전 700

이신영
넥서스 TEPS연구소
지음

문법편

NEXUS Edu

Preface

TEPS는 통합적 영어 시험의 이상적인 모델로 더욱 주목 받고 있지만, 본인의 실력과 노력 없이 각종 비법과 요령만으로는 고득점을 얻기 힘든 시험입니다. 즉, 평소에 영어 학습을 특정 분야에 국한시키지 않고 꾸준히 공부한 사람에게는 유리한 시험이자 자신의 평소 실력을 확인해 볼 수 있는 훌륭한 기회가 되는 반면, 제한적이고 단편적인 학습을 한 경우라면 짧은 기간에 성적 향상이 힘든 시험이기도 합니다.

실제 시험에서 문법 영역의 비중은 청해나 독해에 비해 낮지만 그렇다고 문법 학습을 소홀히 하면 안 됩니다. 각 영역이 서로 유기적인 관계이기 때문에 문법 실력이 부족하면 다른 영역에도 영향을 미칩니다. 이로 인해 1등급 문턱에서 고배를 마시는 수험생을 많이 보았습니다. TEPS 문법에 강해지기 위해서는 문법을 구조적 지식의 영역으로 제한하지 말고 의미와 구조를 동시에 받아들이는 자세가 필요하며 흔히 지나치는 구어적 표현들이나 어휘, 독해 학습에 있어서도 문법 사항에 대한 확인을 거치는 것이 중요합니다. 물론 시험에는 유형과 흐름이 있으므로 기출문제 유형의 문제를 체계적으로 충분히 접하는 것도 중요합니다.

본 교재에서는 출제 유형별로 정리한 문법으로 기본기를 다시 한 번 다지고, Check-Up과 Mini Test를 통해 유형별로 익힌 문법 사항을 확인하고 복습할 수 있도록 구성했습니다. 또 최신출제 경향을 반영한 Actual Test를 풀며 실전 감각을 기를 수 있습니다. 매달 TEPS 시험을 꾸준히 보면서 기출문제와 유형을 철저히 분석했으며, 이에 오랜 강의 경험을 더해 집필한 본서를 통해 1등급 이상의 점수와 문법 실력을 모두 얻을 수 있기를 바랍니다.

이신영

Contents

구성과 특징   8

TEPS 정보   10

I 문법 고득점 전략

Unit 1   동사와 문장 형식   24

Unit 2   시제   33

Unit 3   능동태와 수동태   41

Mini Test 1   47

Unit 4   가정법   51

Unit 5   부정사   59

Unit 6   동명사   67

Mini Test 2   73

Unit 7   분사   77

Unit 8   조동사   83

Unit 9   명사와 관사   91

Mini Test 3   101

Unit 10   대명사   105
Unit 11   형용사와 부사, 비교구문   113
Unit 12   접속사와 전치사   123
Mini Test 4   137

Unit 13   관계사   141
Unit 14   특수구문과 어순   149
Mini Test 5   159

Ⅱ Actual Test

Actual Test 1   168
Actual Test 2   176
Actual Test 3   184
Actual Test 4   192
Actual Test 5   200

정답 및 해설 (별책부록)

Structure 구성과 특징

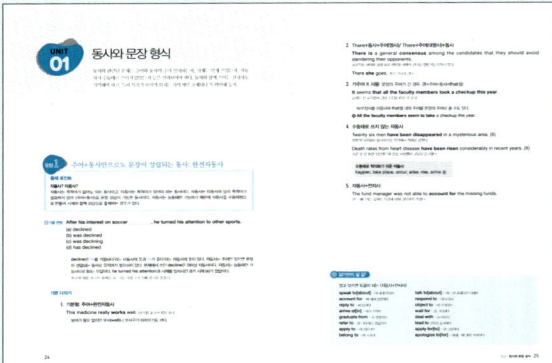

고득점 핵심 문법

출제 가능성이 높은 핵심 문법을 유형별로 자세히 공부할 수 있다.

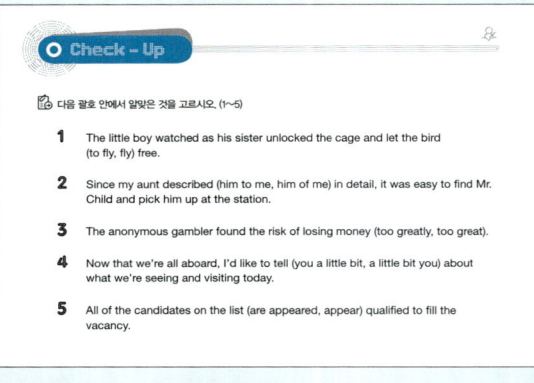

Check-up

매 Unit이 끝날 때마다 해당 내용을 점검할 수 있도록 했다.

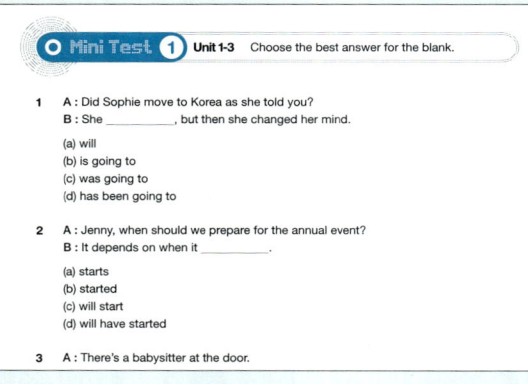

Mini Test

3개의 Unit이 끝날 때마다 20문제씩 풀며 실전에 대비한 중간 점검이 가능하다.

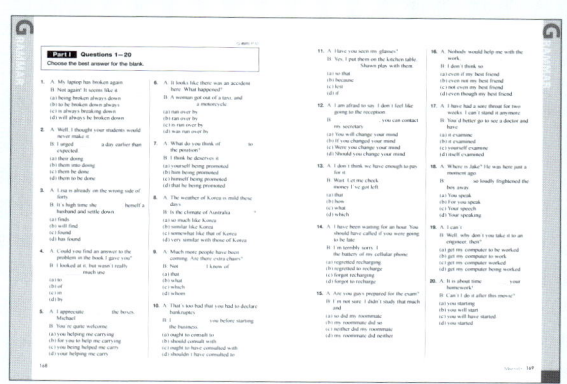

Actual Test

최신 기출 경향과 가장 유사한 문제를 풀면서 실제 TEPS 시험을 보는 것 같은 연습이 가능하다.

http://www.nexusbook.com

본 교재 학습이 끝난 수험생들은 넥서스북에 접속하여 무료 문법 모의고사 50문제를 제공받을 수 있다.

도서 → How to TEPS 실전 700 문법편 검색 → 다섯 번째 카테고리 클릭

Q & A

1 / TEPS란?

TEPS는 TEPS 는 Test of English Proficiency developed by Seoul National University의 약자이며, 서울대학교 언어교육원에서 개발하고 TEPS관리위원회에서 주관, 시행하는 국가공인 영어시험입니다. 본 시험은 수험생들의 영어 실력을 Reading, Listening, Grammar, Vocabulary 총 4개의 영역으로 나누어 평가하는 시험이며, 총 200문항, 990점 만점의 시험입니다. 이 중 Grammar Part는 4개의 Part로 구성되어 있으며, Part 1, 2는 지문의 빈칸에 적절한 말을 4개의 선택지 중에서 고르는 문제로, Part 1은 일상생활에서 이루어질 수 있는 짧은 대화 속에서, Part 2는 한 문장에서 이루어진 지문 속에서 문법 사항을 묻습니다. Part 3, 4는 주어진 선택지가 없고 지문 중 문법에 어긋나거나 어색한 문장을 고르는 문제입니다. Part 3은 대화 속에서, Part 4는 4문장으로 이루어진 지문 속에서 잘못된 부분을 골라야 합니다. 시험은 지역에 따라 다소 다르나 매달 한 번씩 토요일 혹은 일요일에 있으며, 접수는 인터넷 접수 (www.teps.or.kr) 또는 방문 접수가 가능합니다. 성적 확인은 시험 후 2주 이내에 가능합니다.

2 / TEPS 시험 구성

영역	Part별 내용	문항수	시간/배점
청해 Listening Comprehension	Part I: 문장 하나를 듣고 이어질 대화 고르기 Part II : 3문장의 대화를 듣고 이어질 대화 고르기 Part III : 6~8 문장의 대화를 듣고 질문에 해당하는 답 고르기 Part IV : 담화문의 내용을 듣고 질문에 해당하는 답 고르기	15 15 15 15	55분 400점
문법 Grammar	Part I: 대화문의 빈칸에 적절한 표현 고르기 Part II : 문장의 빈칸에 적절한 표현 고르기 Part III : 대화에서 어법상 틀리거나 어색한 부분 고르기 Part IV : 단문에서 문법상 틀리거나 어색한 부분 고르기	20 20 5 5	25분 100점
어휘 Vocabulary	Part I: 대화문의 빈칸에 적절한 단어 고르기 Part II : 단문의 빈칸에 적절한 단어 고르기	25 25	15분 100점
독해 Reading Comprehension	Part I: 지문을 읽고 빈칸에 들어갈 내용 고르기 Part II : 지문을 읽고 질문에 가장 적절한 내용 고르기 Part III : 지문을 읽고 문맥상 어색한 내용 고르기	16 21 3	45분 400점
총계	13개 Parts	200	140분 990점

☆ **IRT** (Item Response Theory)에 의하여 최고점이 990점, 최저점이 10점으로 조정됨

All about the **TEPS**

Listening Comprehension 60문항

● Part I
Choose the most appropriate response to the statement. (15문항)

문제유형　질의 응답 문제를 다루며 한 번만 들려주고, 내용은 일상의 구어체 표현으로 구성되어 있다.

> W　I wish my French were as good as yours.
> M　_____

(a) Yes, I'm going to visit France.　　✔ (b) Thanks, but I still have a lot to learn.
(c) I hope it works out that way.　　　(d) You can say that again.

번역　W　당신처럼 프랑스어를 잘하면 좋을 텐데요.
　　　　M　_____

(a) 네, 프랑스를 방문할 예정이에요.　　(b) 고마워요. 하지만 아직도 배울 게 많아요.
(c) 그렇게 잘되기를 바라요.　　　　　(d) 당신 말이 맞아요.

● Part II
Choose the most appropriate response to complete the conversation. (15군항)

문제유형　두 사람이 A–B–A–B 순으로 대화하는 형식이며, 한 번만 들려준다.

> W　I wish I earned more money.
> M　You could change jobs.
> W　But I love the field I work in.
> M　_____

(a) I think it would be better.　　✔ (b) Ask for a raise then.
(c) You should have a choice in it.　(d) I'm not that interested in money.

번역　W　돈을 더 많이 벌면 좋을 텐데요.
　　　　M　직장을 바꾸지 그래요?
　　　　W　하지만 난 지금 일하고 있는 분야가 좋아요.
　　　　M　_____

(a) 더 좋아질 거라고 생각해요.　　(b) 그러면 급여를 올려 달라고 말해요.
(c) 그 안에서 선택권이 있어야 해요.　(d) 돈에 그렇게 관심이 있지는 않다요.

● Part III

Choose the option that best answers the question. (15문항)

M   Hello. You're new here, aren't you?

W   Yes, it's my second week. I'm Karen.

M   What department are you in?

W   Customer service, on the first floor.

M   I see. I'm in sales.

W   So, you'll be working on commission, then.

M   Yes. I like that, but it's very stressful sometimes.

Q: Which is correct according to the conversation?

(a) The man and woman work in the same department.

✔ (b) The woman works in the customer service department.

(c) The man thinks the woman's job is stressful.

(d) The woman likes working for commissions.

번역

M 안녕하세요. 새로 오신 분이시죠?

W 예. 여기 온 지 2주째예요. 전 캐런이에요.

M 어느 부서에서 근무하시나요?

W 1층 고객 지원부에서 일해요.

M 그렇군요. 전 영업부에서 일해요.

W 그러면 커미션제로 일하시는군요.

M 네. 좋기는 하지만 가끔은 스트레스를 많이 받아요.

Q: 대화에 따르면 옳은 것은?

(a) 남자와 여자는 같은 부서에서 일한다.

(b) 여자는 고객 지원부에서 일한다.

(c) 남자는 여자의 일이 스트레스가 많다고 생각한다.

(d) 여자는 커미션제로 일하는 것을 좋아한다.

● Part IV

Choose the option that best answers the question. (15문항)

문제유형   담화문의 주제, 세부 사항, 사실 여부 및 이를 근거로 한 추론 등을 다룬다.

> Confucian tradition placed an emphasis on the values of the group over the individual. It also taught that workers should not question authority. This helped industrialization by creating a pliant populace willing to accept long hours and low wages and not question government policies. The lack of dissent helped to produce stable government and this was crucial for investment and industrialization in East Asian countries.

Q: What can be inferred from the lecture?
(a) Confucianism promoted higher education in East Asia.
(b) East Asian people accept poverty as a Confucian virtue.
✔ (c) Confucianism fostered industrialization in East Asia.
(d) East Asian countries are used to authoritarian rule.

번역   유교 전통은 개인보다 조직의 가치를 강조했습니다. 또한 노동자들에게 권위에 대해 의문을 제기하지 말라고 가르쳤습니다. 이것은 장시간 노동과 저임금을 기꺼이 감수하고 정부의 정책에 의문을 제기하지 않는 고분고분한 민중을 만들어 냄으로써 산업화에 도움이 되었습니다. 반대의 부재는 안정적인 정부를 만드는 데 도움이 되었고, 이는 동아시아 국가들에서 투자와 산업화에 결정적이었습니다.

Q: 강의로부터 유추할 수 있는 것은?
(a) 유교는 동아시아에서 고등교육을 장려했다.
(b) 동아시아 사람들은 유교의 미덕으로 가난을 받아들인다.
(c) 유교는 동아시아에서 산업화를 촉진했다.
(d) 동아시아 국가들은 독재주의 법칙에 익숙하다.

Grammar 50문항

● Part I
Choose the best answer for the blank. (20문항)

문제유형 A, B 두 사람의 짧은 대화 중에 빈칸이 있다. 동사의 시제 및 수 일치, 문장의 어순 등이 주로 출제되며, 구어체 문법의 독특한 표현들을 숙지하고 있어야 한다.

> A   Should I just keep waiting _____ me back?
>
> B   Well, just waiting doesn't get anything done, does it?

(a) for the editor write

✔ (b) until the editor writes

(c) till the editor writing

(d) that the editor writes

번역   A   편집자가 나한테 답장을 쓸 때까지 기다리고만 있어야 합니까?

           B   글쎄요, 단지 기다리고 있다고 해서 무슨 일이 이루어지는 건 아니겠죠?

● Part II
Choose the best answer for the blank. (20문항)

문제유형   문어체 문장을 읽고 어법상 빈칸에 적절한 표현을 고르는 유형으로 세부적인 문법 자체에 대한 이해는 물론 구문에 대한 이해력도 테스트한다.

> All passengers should remain seated at _____ times.

(a) any

(b) some

✔ (c) all

(d) each

번역   모든 승객들은 항상 앉아 있어야 합니다.

● Part III

Identify the option that contains an awkward expression or an error in grammar. (5문항)

문제유형　대화문에서 어법상 틀리거나 어색한 부분이 있는 문장을 고르는 문제로 구성되어 있다.

> (a)　A Where did you go on your honeymoon?
> (b)　B We flew to Bali, Indonesia.
> ✔ (c)　A Did you have good time?
> (d)　B Sure. It was a lot of fun.

번역　(a)　A 신혼여행은 어디로 가셨나요?
　　　(b)　B 인도네시아 발리로 갔어요.
　　　(c)　A 좋은 시간 보내셨어요?
　　　(d)　B 물론이죠. 정말 재미있었어요.

● Part IV

Identify the option that contains an awkward expression or an error in grammar. (5문항)

문제유형　한 문단 속에 문법적으로 틀리거나 어색한 문장을 고르는 유형이다.

> (a) Morality is not the only reason for putting human rights on the West's foreign policy agenda. (b) Self-interest also plays a part in the process. (c) Political freedom tends to go hand in hand with economic freedom, which in turn tends to bring international trade and prosperity. (d) A world in which more countries respect basic human rights would be more peaceful place.

번역　(a) 서양의 외교정책 의제에 인권을 상정하는 유일한 이유가 도덕성은 아니다. (b) 자국의 이익 또한 그 과정에 일정 부분 관여한다. (c) 정치적 자유는 경제적 자유와 나란히 나아가는 경향이 있는데, 경제적 자유는 국제 무역과 번영을 가져오는 경향이 있다. (d) 더 많은 국가들이 기본적인 인권을 존중하는 세상은 더 평화로운 곳이 될 것이다.

Vocabulary 50문항

● Part I
Choose the best answer for the blank. (25문항)

문제유형 A, B 대화 빈칸에 가장 적절한 단어를 넣는 유형이다. 단어의 단편적인 의미보다는 문맥에서 어떻게 쓰였는지 아는 것이 중요하다.

> A   Let's take a coffee break.
> B   I wish I could, but I'm _____ in work.

✔ (a) up to my eyeballs   (b) green around the gills
(c) against the grain   (d) keeping my chin up

번역 A 잠깐 휴식 시간을 가집시다.
B 그러면 좋겠는데 일 때문에 꼼짝도 할 수가 없네요.

(a) ~에 몰두하여   (b) 안색이 나빠 보이는
(c) 뜻이 맞지 않는   (d) 기운 내는

● Part II
Choose the best answer for the blank. (25문항)

문제유형 문어체 문장의 빈칸에 가장 적절한 단어를 고르는 유형이다. 고난도 어휘의 독특한 용례를 따로 학습해 두어야 고득점이 가능하다.

> It takes a year for the earth to make one _____ around the sun.

(a) conversion   (b) circulation
(c) restoration   ✔ (d) revolution

번역 지구가 태양 주위를 한 번 공전하는 데 일 년이 걸린다.
(a) 전환   (b) 순환
(c) 복구   (d) 공전

Reading Comprehension   40문항

● Part I

Choose the option that best completes the passage. (16문항)

문제유형   지문의 논리적인 흐름을 파악하여 문맥상 빈칸에 가장 적절한 선택지를 고르는 문제이다.

> This product is a VCR-sized box that sits on or near a television and automatically records and stores television shows, sporting events and other TV programs, making them available for viewing later. This product lets users watch their favorite program _____ . It's TV-on-demand that actually works, and no monthly fees.

  ✔ (a) whenever they want to
    (b) wherever they watch TV
    (c) whenever they are on TV
    (d) when the TV set is out of order

번역   이 제품은 텔레비전 옆에 놓인 VCR 크기의 상자로 TV 공연, 스포츠 이벤트 및 다른 TV 프로그램을 자동으로 녹화 저장하여 나중에 볼 수 있게 해준다. 이 제품은 사용자 자신이 가장 좋아하는 프로그램을 원하는 시간 언제나 볼 수 있게 해준다. 이것은 실제로 작동하는 주문형 TV로 매달 내는 시청료도 없다.

  (a) 원하는 시간 언제나
  (b) TV를 보는 곳 어디든지
  (c) TV에 나오는 언제나
  (d) TV가 작동되지 않을 때

● Part II

Choose the option that best answers the question. (21문항)

문제유형   지문에 대한 이해를 측정하는 유형으로 주제 파악, 세부 내용 파악, 논리적 추론을 묻는 문제로 구성되어 있다.

> The pace of bank mergers is likely to accelerate. Recently Westbank has gained far more profit than it has lost through mergers, earning a record of $2.11 billion in 2003. Its shareholders have enjoyed an average gain of 28% a year over the past decade, beating the 18% annual return for the benchmark S & P stock index. However, when big banks get bigger, they have little interest in competing for those basic services many households prize. Consumers have to pay an average of 15% more a year, or $27.95, to maintain a regular checking account at a large bank instead of a smaller one.

Q: What is the main topic of the passage?
(a) Reasons for bank mergers
✔ (b) Effects of bank mergers
(c) The merits of big banks
(d) Increased profits of merged banks

번역   은행 합병 속도가 가속화될 전망이다. 최근 웨스트 뱅크가 2003년 21억 1천만 달러의 수익을 기록함으로써 합병으로 잃은 것보다 훨씬 더 많은 수익을 얻었다. 웨스트 뱅크 주주들은 지난 10년간 S & P 지수의 연간 수익률 18%를 웃도는 연평균 수익률 28%를 누려 왔다. 하지만 규모가 더욱 커진 대형 은행들은 많은 가구가 중요하게 생각하는 기본 서비스에 대한 경쟁에는 별 관심을 두고 있지 않다. 소비자들은 작은 은행 대신 대형 은행의 보통 당좌예금 계정을 유지하기 위해 연평균 15% 이상, 즉 27달러 95센트를 지불해야 한다.

Q: 지문의 소재는?
(a) 은행 합병의 이유
(b) 은행 합병의 영향
(c) 대형 은행의 장점
(d) 합병된 은행들의 수익 증가

Part III

Identify the option that does NOT belong. (3문항)

문제유형 한 문단에서 전체의 흐름상 어색한 내용을 고르는 유형이다.

> Communication with language is carried out through two basic human activities: speaking and listening. (a) These are of particular importance to psychologists, for they are mental activities that hold clues to the very nature of the human mind. (b) In speaking, people put ideas into words, talking about perceptions, feelings, and intentions they want other people to grasp. (c) In listening, people decode the sounds of words they hear to gain the intended meaning. (d) Language has stood at the center of human affairs throughout human history.

번역   언어로 이루어지는 의사소통은 두 가지 기본적인 인간 활동인 말하기와 듣기에 의해 수행된다. (a) 이 두 가지는 심리학자들에게 각별한 중요성을 지니는데, 이는 두 가지가 인간의 심성 본질 자체에 대한 단서를 쥐고 있는 정신적 활동이기 때문이다. (b) 말할 때 사람들은 다른 사람들이 이해하기를 원하는 지각과 감정, 의도 등을 말하면서 아이디어들을 단어로 표현한다. (c) 들을 때 사람들은 의도된 뜻을 간파하기 위해 들리는 단어의 소리를 해독한다. (d) 언어는 인류의 역사를 통틀어 인간 활동의 중심에 있어 왔다.

등급표

등급	점수	영역	능력검정기준(Description)
1+급 Level 1+	901-990	전반	외국인으로서 최상급 수준의 의사소통 능력 : 교양 있는 원어민에 버금가는 정도로 의사소통이 가능하고 전문분야 업무에 대처할 수 있음. **(Native Level of Communicative Competence)**
1급 Level 1	801-900	전반	외국인으로서 거의 최상급 수준의 의사소통 능력 : 단기간 집중 교육을 받으면 대부분의 의사소통이 가능하고 전문분야 업무에 별 무리 없이 대처할 수 있음. **(Near-Native Level of Communicative Competence)**
2+급 Level 2+	701-800	전반	외국인으로서 상급 수준의 의사소통 능력 : 단기간 집중 교육을 받으면 일반분야 업무를 큰 어려움 없이 수행할 수 있음. **(Advanced Level of Communicative Competence)**
2급 Level 2	601-700	전반	외국인으로서 중상급 수준의 의사소통 능력 : 중장기간 집중 교육을 받으면 일반분야 업무를 큰 어려움 없이 수행할 수 있음. **(High Intermediate Level of Communicative Competence)**
3+급 Level 3+	501-600	전반	외국인으로서 중급 수준의 의사소통 능력 : 중장기간 집중 교육을 받으면 한정된 분야의 업무를 큰 어려움 없이 수행할 수 있음. **(Mid Intermediate Level of Communicative Competence)**
3급 Level 3	401-500	전반	외국인으로서 중하급 수준의 의사소통 능력 : 중장기간 집중 교육을 받으면 한정된 분야의 업무를 다소 미흡하지만 큰 지장은 없이 수행할 수 있음. **(Low Intermediate Level of Communicative Competence)**
4급 Level 4	201-400	전반	외국인으로서 하급수준의 의사소통 능력 : 장기간의 집중 교육을 받으면 한정된 분야의 업무를 대체로 어렵게 수행할 수 있음. **(Novice Level of Communicative Competence)**
5급 Level 5	101-200	전반	외국인으로서 최하급 수준의 의사소통 능력 : 단편적인 지식만을 갖추고 있어 의사소통이 거의 불가능함. **(Near-Zero Level of Communicative Competence)**

성적표

Test of English Proficiency
developed by
Seoul National University

SCORE REPORT

NAME	**REGISTRATION NO.**
HONG GIL DONG	0123456
DATE OF BIRTH	**TEST DATE**
JAN. 01. 1980	MAR. 02. 2008
GENDER	**VALID UNTIL**
MALE	MAR. 01. 2010

NO : RAAAA0000BBBB

TOTAL SCORE AND LEVEL

SCORE	LEVEL
768	2+

SECTION	SCORE	LEVEL	%	0% ————— 100%
Listening	307	2+	77 / 59	
Grammar	76	2+	76 / 52	
Vocabulary	65	2	65 / 56	
Reading	320	2+	80 / 61	

■ your percentage ■ average

OVERALL COMMUNICATIVE COMPETENCE

768

89.89%

A score at this level typically indicates an advanced level of communicative competence for a non-native speaker. A test taker at this level is able to execute general tasks after a short-term training.

SECTION			PERFORMANCE EVALUATION
Listening	PART I	86%	A score at this level typically indicates that the test taker has a good grasp of the given situation and its context and can make relevant responses. Can understand main ideas in conversations and lectures when they are explicitly stated, understand a good deal of specific information and make inferences given explicit information.
	PART II	66%	
	PART III	86%	
	PART IV	66%	
Grammar	PART I	84%	A score at this level typically indicates that the test taker has a fair understanding of the rules of grammar and syntax and has internalized them to a degree enabling them to carry out meaningful communication.
	PART II	75%	
	PART III	99%	
	PART IV	21%	
Vocabulary	PART I	72%	A score at this level typically indicates that the test taker has a good command of vocabulary for use in everyday speech. Able to understand vocabulary used in written contexts of a more formal nature, yet may have difficulty using it appropriately.
	PART II	56%	
Reading	PART I	68%	A score at this level typically indicates that the test taker is at an advanced level of understanding written texts. Can abstract main ideas from a text, understand a good deal of specific information and draw basic inferences when given texts with clear structure and explicit information.
	PART II	90%	
	PART III	66%	

THE TEPS COUNCIL

How to
TEPS

I 문법 고득점 전략

Unit 1   동사와 문장 형식

Unit 2   시제

Unit 3   능동태와 수동태

Unit 4   가정법

Unit 5   부정사

Unit 6   동명사

Unit 7   분사

Unit 8   조동사

Unit 9   명사와 관사

Unit 10   대명사

Unit 11   형용사와 부사, 비교구문

Unit 12   접속사와 전치사

Unit 13   관계사

Unit 14   특수구문과 어순

UNIT 01 동사와 문장 형식

동사와 관련된 문제는 주어와 동사의 수가 일치하는지, 시제는 맞게 쓰였는지, 자동사가 수동태로 쓰이지 않았는지 등을 살펴보아야 한다. 동사와 함께 쓰이는 전치사도 기억해야 하고, 특히 목적격 보어의 위치는 거의 매달 출제되니 꼭 확인해 놓자.

유형 1 주어+동사만으로도 문장이 성립되는 동사: 완전자동사

출제 포인트

자동사? 타동사?
자동사는 타동사와 달리 목적어가 필요하지 않아 〈주어+동사〉로 문장 성립이 가능한 동사이다. 자동사는 능동태만 가능하기 때문에 자동사를 수동태형으로 만들어 시제와 함께 오답으로 출제하는 경우가 있다.

📋 **기출 변형** After his interest on soccer _____, he turned his attention to other sports.

　　(a) declined
　　(b) was declined
　　(c) was declining
　　(d) has declined

　　✎ decline은 '~를 거절하다'라는 타동사의 뜻과 '~가 줄다'라는 자동사의 뜻이 있다. 자동사는 주어만 있으면 문장이 성립되는 동사로 목적어가 필요하지 않다. 문제에서 쓰인 decline은 의미상 자동사이다. 자동사는 능동태만 가능하므로 (b)는 오답이다. he turned his attention과 시제를 일치시킨 과거시제 (a)가 정답이다.
　　축구에 대한 관심이 줄어든 후, 그는 다른 스포츠에 관심을 돌렸다.

기본 다지기

1. **기본형: 주어+완전자동사**

This medicine really **works** well. 이 약은 효과가 정말 좋다.

　　✎ 보어가 필요 없지만 부사(well)나 부사구가 따라오기도 한다.

2. There+동사+주어(명사)/ There+주어(대명사)+동사

There is a general **consensus** among the candidates that they should avoid slandering their opponents.
후보자들 사이에 상대 후보 비방을 피해야 한다는 전반적인 합의가 있다.

There she goes. 저기 그녀가 간다.

3. 가주어 It 사용: 문장의 주어가 긴 경우, 〈It+주어+동사+that절〉

It seems that all the faculty members took a checkup this year.
올해는 전 교직원이 건강 검진을 받은 것 같다.

　↘ to부정사를 이용하여 that절 내의 주어를 문장의 주어로 쓸 수도 있다.
　例 **All the faculty members seem to take** a checkup this year.

4. 수동태로 쓰지 않는 자동사

Twenty six men **have ~~been~~ disappeared** in a mysterious area. (X)
26명의 남자들이 불가사의한 지역에서 자취를 감췄다.

Death rates from heart disease **have ~~been~~ risen** considerably in recent years. (X)
최근 몇 년 동안 심장병으로 인한 사망률이 상당히 증가했다.

> **수동태로 착각하기 쉬운 자동사**
> happen, take place, occur, arise, rise, arrive 등

5. 자동사+전치사

The fund manager was not able to **account for** the missing funds.
펀드 매니저는 없어진 자금에 대해 설명하지 못했다.

⚙ **암기만이 살 길!**

알고 있으면 도움이 되는 〈자동사+전치사〉

speak to[about] ~에 대해 말하다	**talk to[about]** ~와[~에 대해] 이야기하다
account for ~에 대해 설명하다	**respond to** ~에 답하다
reply to ~에 답하다	**object to** ~에 반대하다
arrive at[in] ~에 도착하다	**wait for** ~을 기다리다
graduate from ~을 졸업하다	**deal with** ~을 다루다
refer to ~을 나타내다, 언급하다	**lead to** 결과를 초래하다
apply to ~에 적용되다	**apply for[to]** ~을 신청하다
belong to ~에 속하다	**apologize to[for]** ~에게[~에 대해] 사과하다

 유형 **2** 주어를 설명하는 보어가 필요한 동사: 불완전자동사

출제 포인트

형용사를 보어로 취하는 동사를 조심하라!
지각동사 look, sound, smell, taste, feel은 무조건 형용사 보어가 필요하며, 변화(~이 되다)를 나타내는 동사 become, get, turn, grow, go, come도 마찬가지다. 형용사 보어 자리에 명사 보어나 부사를 넣어 혼동시키는 경우가 있다.

기출 변형 **A: What if she talks about our secret to others?**

B: Don't worry. She _____.

(a) remained silent
(b) remains silently
(c) will remain silent
(d) will remain silence

remain은 형용사 보어가 필요한 불완전자동사이다. 따라서 형용사 silent를 보어로 취하고 조건절 if she talks 와 어울리는 미래시제 (c)가 정답이다.

A: 그녀가 다른 사람들에게 우리의 비밀을 말하면 어떡하지?
B: 걱정 마. 그녀는 침묵을 지킬 거야.

기본 다지기

1. **지각동사:** look, sound, smell, taste, feel+형용사

   That **sounds great**. What time shall we make it?
   그거 좋은 생각이네. 몇 시에 만날까?

   불완전자동사의 보어로는 형용사와 명사가 올 수 있으나 부사는 보어로 쓸 수 없다. **예** That sounds greatly. (X)

   He **looks young** for his age.
   그는 나이에 비해 어려 보인다.

2. **상태변화동사:** become, get, turn, grow, go, come+형용사[명사]

   The ancient city in the desert has **become famous** throughout the world.
   사막에 있는 고대 도시는 전 세계적으로 유명해졌다.

   She **went** nearly **mad** with grief when her husband died.
   그녀는 남편이 죽자 슬픔으로 미칠 것만 같았다.

3. **상태지속동사:** remain, keep, stay, stand, hold+형용사

   The two parties also **remain apart** on the scope of the investigation.
   양당은 조사의 범위를 놓고도 의견이 엇갈리고 있다.

   We **stand ready** to resume the talks in January, without attaching any new conditions.
   우리는 어떠한 새로운 조건을 붙이지 않고 1월에 회담을 재개할 준비가 되어 있다.

4. **판단 · 입증동사:** seem, appear, prove, turn out, come out+형용사

   We know this **seems unfair** to you, but we believe it's worth it.
   당신에게는 불공평한 듯 보이겠지만 충분한 가치가 있다고 생각합니다.

 **유형 3** 동작의 대상이 되는 목적어를 가지는 동사: 타동사

📝 **기출 변형** A: John would like _____ the matter with you.

B: Oh, I'd better visit his office then.

(a) discuss

(b) discussing about

(c) to discuss

(d) to discuss about

📞 discuss는 의미상 about이라는 전치사가 필요할 것 같지만 타동사이므로 전치사는 필요 없고, 목적어만 필요하므로 '~하고 싶다'는 의미의 would like to에 맞추어 (c)가 정답이다.

A: 존이 당신과 그 문제에 대해 의논하고 싶어해요.

B: 아, 그럼 존의 사무실에 가는 게 좋겠네요.

기본 다지기

1. 전치사 사용에 주의할 타동사

My nephew doesn't **resemble** ~~with~~ my brother at all. (X)
조카는 우리 오빠와 전혀 닮지 않았다.

He had planned to **marry** ~~with~~ the woman when they finished college. (X)
그는 대학을 마치면 그 여자와 결혼을 할 계획이었다.

2. 수여동사로 혼동하기 쉬운 완전타동사

The teacher **explained** the rules of chess **to** us.
선생님께서 우리에게 체스 게임의 규칙을 설명해 주셨다.

A Catholic **confesses** sins **to** a priest.
천주교인은 신부에게 고해 성사를 한다.

반드시 〈목적어+to+사람〉이 와야 하는 동사
explain, suggest, introduce, describe, confess, propose, announce

암기만이 살 길!

다음의 타동사 뒤에 전치사를 쓰지 않도록 주의하자.

tell ~에게 말하다	**discuss** ~에 대해 토론하다	**answer** ~에 답하다
oppose ~에 반대하다	**enter** ~에 들어가다	**marry** ~와 결혼하다
contact ~에게 연락하다	**approach** ~에 접근하다	**resemble** ~와 닮다
reach ~에 도착하다	**enter** (장소에) 들어가다	**follow** 따라가다
attend 참석하다	**await** 기다리다	

단, 의미에 따라 전치사를 쓰는 경우도 있다.

📖 I will **answer for** the consequences. 나는 그 결과에 책임을 질 것이다.　　(**answer for** ~에 대해 책임을 지다)

 **유형 4** 목적어가 두 개 필요한 동사

출제 포인트

'~에게(간접목적어) …을(직접목적어)'
특성에 따라 목적어가 두 개 필요한 동사가 있는데 시험에서는 목적어의 위치를 이용한 문제가 출제된다. '간접목적어'와
'직접목적어'라는 용어보다는 '~에게 …을' 혹은 '~을+전치사+ …에게'라고 기억해 놓자.

기본 다지기

1. 간접목적어(~에게)+직접목적어(…을) 형식을 만드는 동사

   Also, the change will **give the mayor ample time** to prepare answers to the questions posted on his twitter.
   게다가 그런 변화는 시장에게 트위터에 올라 온 질문에 대한 답변을 준비할 충분한 시간을 제공할 것이다.

   Jessica had the audacity to **ask her boss such a question**.
   제시카는 대담하게도 상사에게 그런 질문을 했다.

2. 직접목적어+전치사+간접목적어

   An anonymous donator **sent tickets for those** who cannot afford an expensive musical.
   익명의 기부자가 값비싼 뮤지컬을 관람할 여유가 없는 사람들을 위해 표를 보냈다.

   > give, bring, show, sell, tell, offer, lend, teach+직접목적어+to+간접목적어
   >
   > order, call, buy, make, find, get, prepare+직접목적어+for+간접목적어
   >
   > ask, require, request, beg, demand, expect+직접목적어+of+간접목적어

암기만이 살 길!

간접목적어와 직접목적어의 어순을 바꾸지 않고 4형식으로 쓰는 동사
cost, take, save

〈전치사+목적어+전치사+목적어〉 유형의 동사 (전치사 없이 목적어를 두 개 취할 수 없음)
〈**explain**+명사(~을)+**to**+대상(…에게)〉 또는 〈**explain**+**to**+대상(~에게)+내용(…을)〉

rob+A+of+B 'A를 B로부터 강탈하다'
rob, deprive, rid, cure, heal

provide+B+for+A 'A에게 B를 제공하다'
replenish, endow, supply, provide, furnish, present, equip

inform+A+of+B 'A에게 B에 대해 알려주다' (수동형식은 **A is informed of B** 'A가 B에 관해 보고를 받다')
inform, accuse, assure, advise, remind, persuade, convince

prohibit+A+from+B 'A가 B를 못하게 하다'
prevent, prohibit, deter, stop, disable, discourage, dissuade, keep

 유형 **5** 목적어를 보충해 주는 보어가 필요한 동사

출제 포인트

목적보어의 위치에 주목하라!

목적보어의 위치 문제가 많이 출제되는 편이다. 목적보어가 될 수 있는 것은 명사, 형용사, to부정사, 동사원형, 분사(-ing, p.p.)이다. 특히, 〈주어+동사+목적어+to부정사〉 형태는 거의 매달 출제될 정도로 빈출 유형이다. 동사에 따라서 목적보어가 달라지는데, 목적보어의 주어는 목적어이므로 목적보어가 분사일 경우에는 목적어와의 관계가 능동인지 수동인지 파악해야 한다. 또한 목적어 자리에 가목적어 it이 있다면 〈주어+동사+it+목적보어+to부정사〉 구조가 온다.

📝기출 변형 **After comparing different models, Mrs. Barlow told her husband _____ a vintage car.**

(a) buy
(b) bought
(c) to buy
(d) buying

📞 tell은 〈tell+목적어+to부정사〉 형태로, 목적보어 자리에 to부정사가 와야 하는 동사이다. 따라서 (c)가 정답이다.

여러 가지 모델을 비교한 후 발로우 부인은 남편에게 빈티지 차를 구입하라고 말했다.

기본 다지기

1. **동사+목적어+to부정사**

   We **expect** a world stem-cell bank **to open** in Korea within the year.
   우리는 일 년 내에 한국에 세계 줄기세포 은행이 설립되기를 기대한다.

   목적보어로 to부정사를 받는 동사
   tell, encourage, ask, require, enable, expect, cause, force, allow, forbid, urge

2. **지각동사(see, watch, hear, listen to 등)+목적어+동사원형[현재분사/ 과거분사]**

   목적어와 목적보어의 관계가 능동이면 동사원형이나 현재분사 -ing가 오고, 수동이면 과거분사 p.p.가 온다.

   I happened to **see him standing** there in the rain.
   우연히 그가 빗속에 서 있는 것을 보았다.

3. **사역동사(let, make, have)+목적어+동사원형[과거분사]**

   목적어와 목적보어의 관계가 능동이면 동사원형, 수동이면 과거분사 p.p.가 목적보어에 위치한다.

   I promise I'll **let you wear** my new dress this afternoon.
   오늘 오후에 당신이 내 새 옷을 입을 수 있도록 약속한다.

   You'd better **have your car** professionally **repaired**.
   차를 전문적으로 수리 받는 게 좋을 거야.

   get+목적어+to부정사(능동적 관계)
   get+목적어+p.p.(수동적 관계)

4. help+목적어+(to) 동사원형

Native English speakers with TESOL certificates or credentials corresponding to this will be hired to **help** children **improve** their English speaking skills.

어린이들의 영어 말하기 능력 향상에 보탬이 되도록 TESOL 자격증이나 이에 상응하는 자격을 지닌 원어민이 고용될 것이다.

5. 분사 보어

목적보어 자리에는 형용사나 형용사의 성질을 가진 분사가 흔히 사용된다. 보어로 사용된 형용사를 부사로 대체하지 않도록 유의하라.

The authorities said they had **found** most of the people **involved** in the illegal campaigning so far and 4 of them have been indicted.

당국은 지금까지 불법 선거 운동 관련자 대부분을 적발했고, 그 중 4명을 기소했다고 말했다.

6. 기타

(1) 목적어+as+명사

The California Institute of the Arts is staffed with professionally experienced artists who **regard** each student **as** a future capable animator.

캘리포니아 예술대학은 경험 있는 전문 예술가들이 가르치는 곳으로 각각의 학생을 미래의 역량 있는 애니메이터로 보고 있다.

(2) 목적어+(to be)+명사/ 형용사: to be는 생략 가능하다.

I **think** it (**to be**) true. = I think it is true.

나는 그것이 사실이라고 생각한다.

(3) 목적어+as[to be]+명사/ 형용사: as와 to be를 함께 쓰지 않도록 주의한다.

We **consider** ourselves **as** leaders of innovation in the global market.

우리는 스스로를 국제 시장에서 혁신을 이끄는 사람이라고 생각한다.

⊛ 암기만이 살 길!

목적보어에 〈as+명사〉 형식을 만드는 동사: 'A를 B로 간주하다'

see, regard, look upon, think of, consider, describe, define, refer to, conceive+A+as+B

가목적어 **it**을 받는 동사

think, find, make+it(가목적어)**+easy[difficult/ hard/ possible]+to**부정사(진목적어)

예 Mrs. LeHane found it difficult to sleep alone after her husband died.

루헤인 씨는 남편이 죽은 뒤 홀로 자는 것이 어렵다는 것을 알았다.

다음 괄호 안에서 알맞은 것을 고르시오. (1~5)

1 The little boy watched as his sister unlocked the cage and let the bird (to fly, fly) free.

2 Since my aunt described (him to me, him of me) in detail, it was easy to find Mr. Child and pick him up at the station.

3 The anonymous gambler found the risk of losing money (too greatly, too great).

4 Now that we're all aboard, I'd like to tell (you a little bit, a little bit you) about what we're seeing and visiting today.

5 All of the candidates on the list (are appeared, appear) qualified to fill the vacancy.

다음 문장에서 틀린 곳을 찾아서 고치시오. (6~10)

6 As soon as you graduate college, you'd better find your own place.

7 Is there anyone who can explain what is going on me?

8 If you have questions about Dr. House's prescription, discuss about it with him on the phone.

9 He had his room paint during last holiday season.

10 It cost a small fortune him to repair his newest cell phone.

1 fly

2 him to me

3 too great

4 you a little bit

5 appear

6 graduate → graduate from

7 me → to me

8 discuss about → discuss

9 paint → painted

10 a small fortune him → him a small fortune

번역 및 해설

1 번역 어린 소년은 누나가 새장을 열고 새를 자유롭게 날아가게 하는 것을 지켜보았다.
해설 능동의 관계일 경우 동사원형을 쓴다.

2 번역 이모가 자세하게 묘사해 주셔서 역에서 차일드 씨를 찾아 모시고 오는 게 수월했다.
해설 describe+A+to+B 'A를 B에게 묘사하다'

3 번역 신원불명의 도박자는 돈을 잃을 위험이 아주 많다는 것을 알았다.
해설 목적보어 자리에는 부사가 아닌 형용사가 와야 한다.

4 번역 우리 모두 차에 탔으니 오늘 우리가 무엇을 보고 어디를 방문할지 살짝 말씀 드리겠습니다.
해설 tell은 목적어를 두 개 가지는 동사로 그 목적어의 순서는 '~에게(you) …을(a little bit)'이 되어야 한다.

5 번역 명단에 있는 모든 후보는 공석을 채울 자격이 있어 보인다.
해설 appear는 자동사이므로 수동태로 쓰지 않는다.

6 번역 대학을 졸업하자마자 집을 알아보는 게 좋을 거야.
해설 동사 graduate가 자동사로 쓰여서 '~를 졸업하다'가 되면 전치사 from을 쓴다.

7 번역 지금 무슨 일이 일어나고 있는지 제게 설명해주실 분 있나요?
해설 〈explain+내용(절)+to me〉가 되어야 한다.

8 번역 하우스 박사님의 처방에 대해 질문이 있으시면 전화로 상의하세요.
해설 타동사 discuss 뒤에는 전치사를 쓰지 않는다.

9 번역 지난 휴일에 그는 방을 칠했다. (직접 칠한 것은 아님)
해설 목적어 room은 칠하는 대상이므로 목적보어에 과거분사를 써서 수동의 의미를 전달한다.

10 번역 그가 최신 휴대 전화를 구입하는 데 돈이 꽤 들었다.
해설 cost는 간접목적어와 직접목적어의 순서를 바꾸지 않는다.

시제

시제는 때와 관련된 것이므로 선택지를 통해 시제 문제임을 파악한 후, 때를 나타내는 부사구를 확인하자. 단순히 문법적인 사항을 외우기보다는 시제에서 어떤 것이 출제되는지 정리하면서 학습하는 것이 중요하다. 또한 시제는 문맥에 민감하니 특정 시제와 관련해서 힌트가 되는 포인트가 없다면 흐름상 자연스러운 시제를 선택한다.

유형 1 · 현재와 현재진행

출제 포인트

현재시제
현재의 동작이나 상태, 습관과 같은 반복적인 사실, 불변의 진리를 표현할 때 사용한다.

미래로 쓰이는 현재시제와 현재진행시제
시간과 조건의 부사절에서는 현재시제가 미래시제를 대신하고 계획된 가까운 미래도 현재진행시제로 나타낼 수 있다.
그 외에 진행형으로 쓸 수 없는 동사도 꼭 기억하자.

📋 **기출 변형** A: How often do you have a filter for the water purifier replaced?

B: They usually _____ every 3 months.

(a) do it
(b) did it
(c) are doing it
(d) have done it

✎ 정수기 필터를 3개월에 한 번씩 교체하는 일은 정기적인 행동이므로 현재시제인 (a)가 정답이다. 부사 usually는
반복적인 행동을 이야기할 때 쓰인다.

A: 얼마나 자주 정수기 필터를 교체하세요?
B: 보통 3개월에 한 번씩 교체해줘요.

기본 다지기

1. 현재시제

(1) 현재의 습관이나 상태

현재의 습관을 나타내는 경우에 빈도부사(always, usually, sometimes, often 등)와 자주 사용된다.

How to dispose of industrial waste safely **remains** unsolved in Korea today.
산업 폐기물을 안전하게 처리하는 방법은 오늘날 한국에서 해결되지 않은 상태로 남아 있다.

(2) 일반적 원리나 사실

Through chemical reaction between hydrogen and oxygen, fuel cells **generate** electricity.
수소와 산소 간에 화학 반응을 통해 연료 전지는 전기를 생산한다.

2. 현재진행시제

(1) 현재 시점에 진행되고 있는 일

We **are preparing** to appoint a new minister for Health and Welfare due to the sudden resignation of the former.
보건 복지부 장관의 갑작스러운 사임으로 새로운 장관 인선을 준비 중에 있다.

(2) 가까운 장래에 예정된 일

The CEO **is coming** to the Seoul branch office with his inspection team from the U.S.A. 사장님이 미국에서 온 시찰팀과 함께 오늘 서울 사무소를 방문하십니다.

📞 always와 함께 쓰여서 진행형이 바람직하지 못한 습관에 대한 비판적 표현을 나타낼 수 있다.
　🅰 My mom **is always poking** into my business telling me what to do.
　　엄마는 늘 내게 이래라저래라 하며 참견을 한다.

3. 부사절과 현재시제

You are asked to postpone price increases **until** sales of the upcoming models **get** off the ground.
새로운 모델의 판매가 궤도에 오를 때까지 어떠한 가격 인상도 연기해 주시도록 부탁 드립니다.

When the summer vacation **begins**, he will take a trip to India to find his inner self.
여름 방학이 시작하면 그는 내면의 자아를 찾기 위해 인도로 여행을 갈 것이다.

📞 주로 시간이나 조건을 나타내는 부사절에서 미래 대신 현재시제가 사용되지만 if나 when이 있다고 무조건 부사절로 보는 것은 금물이다. if나 when이 이끄는 명사절일 수 있다.
　🅰 Do you happen to know when he will come back? 혹시 그가 언제 돌아올지 아니?

시간이나 조건을 나타내는 접속사
when, if, unless, by the time, as soon as, before

4. 진행형으로 쓸 수 없는 동사: 주로 동작이 아닌 상태를 나타내는 동사

Contents created by our own search engine **belong** to us.
우리 검색 시스템을 통해 만들어진 콘텐츠는 우리 것이다.

⭐ **암기만이 살 길!**

진행형으로 쓰지 않는 동사

love, like, prefer, hate, belong, have, possess, believe, know, see, understand

단, **sound, look, seem, appear, smell, taste**는 상태를 나타낼 경우에는 진행형을 쓸 수 없지만 동작일 때는 가능하다.

have는 '먹다'의 의미일 때, **see**는 '만나다'의 의미일 때 진행형이 가능하다.

 **과거와 과거진행**

출제 포인트

과거를 표시하는 부사구 확인!

yesterday, ago, the other day, last-, in+과거 년도, those days, at that time, from A to B 등 문장에 명백하게 과거를 표시하는 부사구가 있는 경우 반드시 과거시제를 사용한다. 현재완료는 과거를 표시하는 부사구와 같이 쓰지 않는다.

기본 다지기

1. **과거시제:** 과거에 일어난 동작이나 역사적 사실

   Last night I woke up when my father **hauled** my younger sister over the coals for coming home late.
   어젯밤 아버지가 늦게 들어온 일로 여동생을 엄하게 야단칠 때 잠에서 깼다.

   Five hundred years ago, the explorer John Cabot **came back** after sailing around what is now called Newfoundland.
   500년 전 탐험가 존 카봇은 현재 뉴펀들랜드라고 불리는 주변을 항해하고 돌아왔다.

   📞 과거시제는 어떤 사건이 일어난 과거의 시점에 초점을 두고 있으므로 과거 사건의 현재 결과에 관심을 가지는 현재완료와 구분된다.
      예 I **lost** my keys last night./ I can't open the door because I **have lost** my key.
         어젯밤 열쇠를 분실했다./ 열쇠를 분실해서 문을 열 수 없다.
         → 과거의 어떤 시점에 시계를 분실한 사건 발생/ 과거에 시계를 잃어버려서 현재 문을 열 수 없는 상황

2. **과거진행시제:** 과거의 특정한 시점에 진행하고 있던 일

   Most of the audience in the music hall **were nodding** off during his concert.
   음악당 내 대부분 관객이 그의 연주 중에 졸고 있었다.

 미래와 미래진행

출제 포인트

will vs. be going to
will이 나타낼 수 있는 의지의 미래와 be going to가 나타낼 수 있는 계획의 미래를 구분하자.

기본 다지기

1. **미래시제:** 미래의 상황에 대한 예상이나 의지, 계획

   Overcast skies **will[are going to]** linger with drizzle through the night.
   밤새 가랑비와 함께 구름 낀 날씨가 지속될 겁니다. [예상]

   I **will** do anything to recover my ruined reputation.
   떨어진 명성을 회복하기 위해서는 뭐든 할 것이다. [의지]

   Clinton **is going to** visit China to discuss the recent currency issue.
   클린턴은 최근 대두된 환율 문제를 논의하기 위해 중국을 방문할 계획이다. [계획]

2. **미래진행시제:** 미래의 특정한 시점에 진행하고 있을 일

Don't call me at eight o'clock. **I'll be eating** dinner then.
8시에 전화하지 마. 그때 저녁 먹고 있을 거야.

↳ 가까운 미래에 있을 일을 미래진행시제로 나타낼 수도 있다.

⌾ On Friday, the President **will be leaving** for a week's visit to London to meet leaders in European countries.
금요일에 대통령은 유럽 국가 정상들을 만나기 위해 1주일 일정으로 런던으로 떠날 예정이다.

미래를 나타낼 수 있는 시제 표현
will – 미래의 의지, 예상
be going to – 미래의 예상, 계획
진행형 – 가까운 미래에 있을 일
현재형 – 가까운 미래에 확정된 일, 일반적 사실, 부사절에서 미래 대신 사용

 완료시제, 완료진행

출제 포인트

기간의 개념, 완료시제
TEPS 문법 시험에 자주 출제되는 단골 문제이니 꼭 알아 두어야 한다. 완료시제와 어울리는 부사를 숙지하고, 현재완료는 과거 시점을 명백하게 나타내는 부사구와 함께 사용하지 않는다는 점에 유의한다. 또 사건의 순서를 따져 종속절에 과거완료를 써야 하는 경우를 항상 염두에 두자.

기출 변형 Many villagers returned only to find that their homes and all their belongings _____ with the volcanic eruption.

(a) burnt
(b) have burnt
(c) had burnt
(d) burn

↳ 마을 사람들이 돌아왔을 때보다 집과 재산이 화산 폭발로 인해 다 타버린 사건이 먼저 일어난 일이다. 따라서 returned로 쓰인 과거 시제보다 한 시제 앞선 과거완료 (c)가 정답이다.
많은 마을 사람들은 돌아와 화산 폭발로 집과 재산이 다 타버린 것을 발견했을 뿐이다.

기본 다지기

1. **완료시제:** 현재완료 have+p.p./ 과거완료 had+p.p./ 미래완료 will have p.p.

(1) 현재완료: 과거에 시작된 일이 현재까지 미치는 결과에 관심을 가진다. 현재완료의 기준 시제는 현재시제로 현재까지의 결과적인 상황은 현재완료시제가 어울린다.

According to the Philippine Overseas Employment Administration, almost 1,500 aircraft mechanics **have moved** to foreign countries for jobs since 2000.
필리핀 해외고용청에 따르면 2000년 이래로 약 1천 5백 명의 항공기 정비사가 일자리 때문에 외국으로 이주했다.

(2) 과거완료: 과거보다 빠른 시제를 표현할 때 과거완료를 사용한다. 과거를 기준으로 그 이전부터 그때까지 일어난 일의 결과에 관심을 가진다. 현재완료와 과거완료를 구분하기 위해서는 기준 시점이 현재까지인지 과거까지인지 살펴 보아야 한다.

Neighbors reported that the man on the 2nd floor **had** not **left** his apartment in more than four weeks.
이웃 사람들에 따르면 2층에 사는 남자는 4주가 넘도록 아파트를 나오지 않았다고 한다.

(3) 미래완료: 미래의 어느 시점까지 일의 결과에 관심을 가진다. 문장에 〈by+미래를 나타내는 부사구〉가 제시될 때가 많다.

I can't believe that he **will have left** here for five years by 2012.
2012년이면 그가 이곳을 떠난 지 5년째가 된다니 믿기지 않는다.

2. **완료진행시제:** 현재완료진행 have+been+ -ing/ 과거완료진행 had+been- -ing/ 미래완료진행 will+have+been+ -ing

완료시제에서 어떤 동작이 그때까지 진행 중일 때 진행시제를 쓴다. 상태동사는 진행형을 만들 수 없고 그 자체로 완료시제에서 '계속'의 의미를 나타낸다.
예 I **have been knowing**(→ **have known**) him for ten years. 나는 10년 동안 그를 알고 지냈다.

Clothing and blankets **have been being quilted** around the world for centuries.
천과 담요 퀼트는 수 세기 동안 전 세계에서 행해져 오고 있다.

Interest rates **had been climbing** for months before Mr. Hayes took a mortgage.
헤이즈 씨가 주택 대출을 받기 전부터 몇 달 간 금리가 오르고 있었다.

By the time of the Olympics, I **will have been training** for three years.
올림픽이 시작될 쯤이면, 나는 3년째 훈련을 하고 있을 것이다.

⚙ **암기만이 살 길!**

현재완료와 어울리는 표현
up to now, up to present, until now, so far, recently, lately, in recent years, today, this year, always, ever, often, just, finally, already, yet, still, now, since+과거시제, for/ over+시간 표현

현재완료와 어울리지 않는 표현
last night, in+과거 년도, yesterday, ago, then, just now 등 과거 특정 시점을 나타내는 표현

ago는 과거시제와 어울리고, before는 과거, 현재완료, 과거완료 모두와 어울릴 수 있다.

미래완료시제와 함께 쓰이는 부사구:
by+tomorrow[next week/ next Sunday/ the time/ 미래 년도]

 시제 비교

기본 다지기

1. **현재시제(무한적 현재 시간의 범위) vs. 현재진행(제한적 현재 시간의 범위)**

   현재시제는 시간 범위에 제한이 없고, 사실을 나타낸다. 현재진행형은 시간의 범위가 정해져 있다.

   She **writes** a book for children./ She **is writing** a book for children.
   그녀는 아이들을 위해 책을 쓴다./ 그녀는 아이들을 위해 책을 쓰고 있다.

   You **live** in New York, but I **am living** in Boston.
   너는 뉴욕에 살지만 나는 보스턴에 살고 있다.

2. **진행시제는 미래부사와 함께 사용되어 가까운 미래를 표현**

   We **are leaving** for Thailand for a family trip. 우리는 태국으로 가족 여행을 떠날 것이다.

   What **are** you **doing** this weekend? 이번 주말에 뭐 하니?

3. **과거시제(무한적 과거 시간의 범위) & 과거진행(제한적 과거 시간의 범위)**

   I **did** work last Sunday. 지난 일요일에 근무했다.

   I **was working** last Sunday. 지난 일요일에 근무 중이었다.

4. **ago(과거시제와 사용) & before(완료시제와 사용)**

   The accident happened two days **ago**. 사고는 이틀 전에 발생했다.

   I have seen such accidents **before**. 그런 사고를 전에 본 적이 있다.

암기만이 살 길!

현재완료와 과거시제 구분: 과거의 일이 현재의 일에 영향을 미칠 때 과거시제와 구분하여 이해하자.

과거시제: 단순히 과거에 일어난 일을 나타낸다.

Her son **went** to New York for a PhD course. 그녀의 아들은 박사 과정을 하기 위해 뉴욕에 갔다.

현재완료: 과거의 일이 현재에 영향을 미칠 때 현재완료를 사용한다.

Her son **has gone** for New York for a PhD course so isn't here.
그녀의 아들은 박사 과정을 하기 위해 뉴욕에 가서 여기에 없다.

문장에 '지금까지(so far, until now, up to now, to date, to this day 등)'가 있으면 항상 현재완료를 사용한다.
Her best performance **to date has been** her third place at the World Junior Championships.
지금까지 그녀의 최고 공연은 세계 주니어 경연 대회에서 3등을 한 것이다.

다음 괄호 안에서 알맞은 것을 고르시오. (1~5)

1 Thirty two national teams from all over the world (play, are playing) every four years to win the championship.

2 The nutritional quality of school meals in England (has improved, improved) since Jamie Oliver impressed the UK Health Secretary with his show.

3 Jeff (had left, has left) for the airport three hours before the plane took off.

4 Around 20,000 patents (have been granted, were granted) to individual inventors in 2001 by the U.S. Patent and Trademark office.

5 The event will finish before noon tomorrow if it (will begin, begins) on time.

다음 문장에서 틀린 곳을 찾아서 고치시오. (6~10)

6 To her disappointment, Dawn found that the train to Bruges just departed.

7 Businesses are belonging to shareholders, those who give them capital.

8 A study of American families shows that the numbers of households lost in mortgage crisis has increased from 2001 to 2008.

9 By the time the police arrived, the gangs have already fled.

10 Since prehistoric times, people engaged themselves in athletic competitions.

Check - Up 정답 및 해설

정답

1 play
2 has improved
3 had left
4 were granted
5 begins
6 just → had just
7 are belonging → belong
8 increased → increased
9 have → had
10 engaged → have engaged

번역 및 해설

1 번역 전 세계 32개 국가 대표 팀이 4년마다 우승을 놓고 경기를 한다.
해설 4년마다 반복되는 일이므로 현재시제를 사용한다.

2 번역 제이미 올리버가 자신의 쇼로 영국 보건부를 설득한 이래로 영국 학교 급식의 영양학적 품질은 개선되어 왔다.
해설 품질은 과거 시점 이후 꾸준히 개선된 것이므로 현재완료를 쓴다.

3 번역 제프는 비행기가 이륙하기 세 시간 전에 공항으로 출발했다.
해설 비행기가 이륙한 것이 과거시제이므로 공항으로 간 것은 과거완료가 된다.

4 번역 2001년에 2만여 개의 특허권이 미국 특허상표청에서 개인 발명가들에게 부여되었다.
해설 2001년의 통계치를 제시하고 있으므로 과거시제를 사용한다.

5 번역 행사가 정시에 시작된다면 내일 정오 전에 끝날 것이다.
해설 부사절에서는 미래 대신에 현재시제를 사용한다.

6 번역 돈은 실망스럽게도 브뤼게행 기차가 막 출발했다는 것을 알았다.
해설 기차가 떠난 것은 과거 이전에 끝난 상황이므로 과거완료를 사용한다.

7 번역 기업은 기업에 자본을 준 사람들인 주주에 속한다.
해설 belong은 상태동사라 진행형으로 사용하지 않는다.

8 번역 미국의 가족에 대한 한 연구는 주택 담보 대출 위기로 손해를 본 가구 수가 2001년부터 2008년까지 증가했음을 보여준다.
해설 과거 일정한 기간의 일은 과거시제를 쓴다.

9 번역 경찰이 도착했을 때 갱단은 이미 도주한 뒤였다.
해설 경찰이 도착한 시점 이전이므로 과거완료가 적당하다.

10 번역 선사 시대 이래로 사람들은 운동 경기에 참가해 왔다.
해설 since는 '과거 이후로 지금까지'의 의미를 가지며 주로 현재완료와 어울린다.

UNIT 03 능동태와 수동태

주어가 직접 동작을 행하는 것을 능동이라고 하고, 제3자가 동작을 하고 주어가 동작의 대상이 되는 것을 수동이라고 한다. 능동태가 수동태로 전환될 때의 문장 구조와 수동태로 쓸 수 없는 동사, 사역동사 및 지각동사의 수동태 등을 잘 기억해 놓자. 수동태로 변환된 후 주어와 동사의 수일치에도 신경을 써야 한다.

유형 1 능동태와 수동태 구분

출제 포인트

능동태를 수동태로 만드는 법
능동태의 목적어 → 수동태의 주어가 됨
능동태의 동사 → be+p.p. (시제는 능동태 문장의 시제를 그대로 따름)
능동태의 주어 → by+목적격 (생략되거나 by 이외의 다른 전치사가 오는 경우도 있음)

사역동사와 지각동사의 수동태
주어+be p.p.+to부정사+(by 목적격)

기본 다지기

1. **능동태:** 주체+타동사+대상(목적어)

   My friends invited me to go shopping with them, but I had to turn them down because of an upcoming workshop.
   친구들이 쇼핑을 같이 가자고 했는데 이번 워크숍 때문에 거절해야 했다.

2. **수동태:** 대상+be p.p.(+by 주체)

   Prof. Kim was invited to give lectures on comparative literature as a visiting professor at Virginia University in 2007.
   김 교수님은 2007년 버지니아 대학교에서 객원 교수 자격으로 비교 문학 수업을 하기 위해 초빙되었다.

   ✎ 수동태가 될 수 있는 동사는 타동사다. 목적어가 필요 없는 자동사는 수동태가 될 수 없다. 타동사는 능동태에서는 목적어가 있어야 하지만 수동태에서는 목적어가 없다. 목적어가 수동태 문장의 주어가 되기 때문이다.

 **유형 2** 목적어를 두 개 취하는 동사와 목적보어가 있는 동사의 수동태

출제 포인트

전치사 to를 잊지 말자!
간접목적어가 수동태 뒤에 있을 때 앞에 전치사 to를 쓴다. 또한 직접목적어가 수동태 동사 뒤에 있을 때 수동태를 능동태로 판단하지 않도록 주의한다.

목적보어는 그 자리에!
목적보어는 수동태 동사 뒤에 그대로 남는다. 특히, 목적보어가 명사인 경우에 이를 타동사의 목적어라고 생각하여 능동태로 판단하지 않도록 한다.

기본 다지기

1. **목적어를 두 개 취하는 동사의 수동태**

   The university **gave the minister an honorary degree**.
   대학은 그 목사에게 명예 학위를 수여했다.

   → **The minister** was given **an honorary degree** by the university.
   → **An honorary degree** was given **to the minister** by the university.

2. **목적보어가 있는 동사의 수동태**

   When Mr. Chavez **was** first **elected president** in 1998, his country Venezuela was ready for change.
   차베스가 1998년 처음으로 대통령에 당선되었을 때 그의 조국인 베네수엘라는 변화할 준비가 되어 있었다.

 **유형 3** by 이외의 전치사를 사용하는 수동태

The laparoscope **is equipped with** a laser and small surgical instruments.
복강경은 레이저와 작은 수술 도구를 갖추고 있다.

Make sure to use earplugs when you know you'll **be exposed to** noise for extended periods, such as riding a motorcycle or shooting a gun.
오토바이를 탄다든지 총을 쏜다든지 장시간 소음에 노출되리라는 것을 알 경우에는 반드시 귀마개를 사용하세요.

⚙ 암기만이 살 길!

수동태에서 **by** 이외의 전치사를 쓰는 동사

be pleased[delighted/ satisfied/ gratified/ bored/ associate/ covered/ crowded]+with

be amused[disappointed/ surprised/ alarmed/ astonished/ frightened/ shocked]+at

be interested[involved/ engaged/ absorbed/ indulged/ skilled]+in

be tired[ashamed/ convinced]+of

be related[devoted/ exposed]+to

be based on

be divided into

 **유형 4** to부정사와 연결되는 수동태

출제 포인트

to와 연결되는 수동태 암기!
시험에 자주 등장하는 능동의 형태가 수동태가 될 때 동사가 to와 연결된다는 것에 익숙해지자.

기본 다지기

All employees **are asked to attend** a meeting on Friday in order to hear a speech by the president for the next quarter.
모든 직원은 사장의 다음 분기를 위한 연설을 듣기 위해 금요일 회의에 참석하라는 통고를 받았다.

Visitors **are** cordially **invited to attend** a special premiere of director Joseph Kosinski's debut film.
방문객 여러분을 조셉 코신스키 감독의 데뷔 영화 특별 시사회에 초대합니다.

> be+asked[requested/ told/ reminded/ encouraged/ invited/ required/ urged/ advised/ warned/ intended/ expected/ allowed/ permitted/ prepared/ supposed/ scheduled] +to부정사

 유형 5 수동태와 완료 · 진행시제의 결합

출제 포인트

수일치와 〈have+been+부사+p.p.〉
수동태와 진행시제 또는 완료시제가 결합된 형태에서 동사의 시제와 주어와의 수일치에 신경을 써야 한다.
〈have+been+부사+p.p.〉 형식처럼 be동사 뒤에 부사가 있는 경우에 보기나 문장을 능동형으로 변경해 놓고 구조적인 혼란을 유도하는 문제가 출제될 수 있다.

기본 다지기

1. **수동태와 진행시제: be+being+p.p.**

   It says that more than 400 detainees **are being held** on suspicion of links to Al-Qaeda or the Taliban.
   알 카에다 혹은 탈레반과 연루된 혐의를 받고 있는 400명이 넘는 용의자가 수감되어 있다고 한다.

   He was pretty sure that he **was being pressured** to resign.
   그는 자신이 사임 압력을 받고 있다고 매우 확신했다.

2. **수동태와 완료시제: have+been+p.p.**

   Finally, a long tunnel in the mountain **has been** laboriously **excavated** after a long period of construction.
   오랜 건설 끝에 마침내 산에 긴 터널이 뚫렸다.

   The number of government officials **had been slashed** to a minimum for the first time in history.
   사상 최초로 공무원의 수가 최소 인원으로 감축되었다.

 지각동사와 사역동사의 수동태

출제 포인트

지각동사와 사역동사의 〈수동태+to+부정사〉
지각동사와 사역동사는 목적보어 자리에 to부정사를 사용하지 않지만 수동태에서는 to부정사를 쓴다.

📆 기출 변형 **A stranger was seen _____ Gabriel's on the corner last night.**

(a) break into
(b) to break into
(c) broke into
(d) to broke into

📞 이 문장의 능동태 문장은 Someone saw a stranger break into Gabriel's on the corner last night.이다.
지각동사 see를 수동형으로 만들었기 때문에 빈칸에는 (b)가 알맞다.

어젯밤 낯선 사람이 코너에 있는 가브리엘의 집에 침입하는 게 목격되었다.

기본 다지기

If the government **is seen to condone** violence, the bloodshed will never stop.
만약 정부가 폭력을 용인하는 것으로 비친다면 유혈 참사는 결코 멈추지 않을 것이다.

After a record-level snowfall, the gardening staff **was made to clear** a path for emergency vehicles.
기록적인 수준의 눈이 내린 후 조경 직원들은 비상 차량이 통행할 수 있도록 길의 눈을 치워야 했다.

 유형 7 It is believed[said/ expected/ anticipated] that

출제 포인트

일반인이 주어이고 that절을 목적어로 하는 문장은 가주어 It을 이용한 수동태 형식과 that절 내의 주어를 문장의 주어로 하는 수동태 형식으로 전환할 수 있다.
that절 내의 주어를 문장의 주어로 삼는 경우에는 to부정사를 사용하게 되는데 이때 that절의 시제가 주절의 시제보다 한 시제 앞선다면 to+have+p.p.를 쓴다는 점에 주의하자.

They believe that this area was first inhabited 50,000 years ago.
= **It is believed that** this area was first inhabited 50,000 years ago.
= **This area is believed to have been** first inhabited 50,000 years ago.
이 지역에 최초로 사람이 살았던 것은 5만 년 전이라고 믿는다.

They say that he has achieved spiritual enlightenment after having spent 30 years.
= **It is said that** he has achieved spiritual enlightenment after having spent 30 years.
= **He is said to have achieved** spiritual enlightenment after having spent 30 years.
사람들은 그가 30년 후에 득도를 했다고 믿는다.

다음 괄호 안에서 알맞은 것을 고르시오. (1~5)

1 The culture of debate (has disappeared, has been disappeared) since people are busy with their own lives.

2 The report about drugs published by the FDA (is based on, bases on) a continuing national study of what Americans take when they feel sick.

3 The opening ceremony (was held, held) while being broadcasted live world-wide.

4 Taking a nap (requires, is required) to empty some space in the brain to store new information.

5 The House of Representatives and the Senate (is constituted, constitute) the US Congress.

다음 문장에서 틀린 곳을 찾아서 고치시오. (6~10)

6 The award is given talented reporters with the professionalism to go anywhere, even some places with civil wars.

7 A subtle difference of opinion has been arisen between team members.

8 Anyone interested in this nation-wide reality show is also invited attending the audition.

9 Someone with short curly hair was seen enter the building about the time the crime was committed.

10 This test is consisted of four sections which are designed to measure your written and spoken English.

1 has disappeared
2 is based on
3 was held
4 is required
5 constitute
6 given → given to
7 been arisen → arisen
8 attending → to attend
9 enter → to enter
10 is consisted → consists

번역 및 해설

1 번역 많은 사람들이 각자 자기 생활에 바빠서 토론 문화가 사라졌다.
해설 disappear는 자동사이므로 수동태로 쓰지 않는다.

2 번역 미국 식품의약국에서 발표한 약물에 관한 보고서는 미국인이 아플 때 무엇을 복용하는지에 대한 전국적 규모로 계속 진행된 연구에 바탕을 두고 있다.
해설 '~에 근거를 두고 있다'는 수동태 be based on을 쓴다.

3 번역 개막식 행사는 전 세계적으로 생중계되는 가운데 거행되었다.
해설 행사는 개최되는 것이므로 수동태가 되어야 한다.

4 번역 낮잠은 새로운 정보를 저장하기 위해 뇌의 공간을 비우는 데 필수적이다.
해설 수면이 요구되는 것이므로 수동태가 되어야 한다.

5 번역 미 하원과 상원이 의회를 구성한다.
해설 하원과 상원이 미국 의회를 구성하는 것이므로 능동태다.

6 번역 그 상은 직업 정신으로 어디든, 심지어 내전이 있는 곳까지 갈 의지가 있는 재능 있는 기자에게 수여된다.
해설 수동태에서 과거분사 given 뒤에 간접목적어가 오면 간접목적어 앞에 to를 쓴다.

7 번역 팀 회원들 간에 미묘한 의견 차이가 생겼다.
해설 arise는 자동사이므로 수동태가 될 수 없다.

8 번역 이 전국적인 리얼리티 쇼에 관심 있는 분이라면 누구든지 오디션에 참여하시기 바랍니다.
해설 invite는 수동태에서 to부정사를 쓴다.

9 번역 범행이 발생했을 무렵 짧은 곱슬 머리를 한 낯선 사람이 건물에 들어가는 것이 목격되었다.
해설 지각동사 see의 수동태에서 뒤에 동사가 오는 경우에 to부정사를 사용한다.

10 번역 이 시험은 여러분의 영어 쓰기와 말하기 능력을 측정하도록 고안된 4개의 영역으로 이루어져 있습니다.
해설 consists of에서 consist는 자동사이므로 수동태가 될 수 없다.

1 A : Did Sophie move to Korea as she told you?

  B : She _____, but then she changed her mind.

  (a) will
  (b) is going to
  (c) was going to
  (d) has been going to

2 A : Jenny, when should we prepare for the annual event?

  B : It depends on when it _____.

  (a) starts
  (b) started
  (c) will start
  (d) will have started

3 A : There's a babysitter at the door.

  B : Yeah. I _____ her.

  (a) expect
  (b) will expect
  (c) had expected
  (d) have been expecting

4 A : Where do you want it _____?

  B : My place. Can I give you the address?

  (a) delivered
  (b) delivering
  (c) to deliver
  (d) deliver

5 A : How many students _____ there at the class meeting?

  B : All of them.

  (a) has been
  (b) have been
  (c) was
  (d) are

6   A : Would you hand in the analysis report by the end of the week?

B : I _____ it by then.

(a) finish
(b) finished
(c) have finished
(d) will have finished

7   A : What makes you so shocked, Henry?

B : I thought you _____ by now.

(a) would go
(b) would be going
(c) would be gone
(d) would have been gone

8   A : Hey Julie, why are so you late?

B : I'm very sorry. I _____ on the way.

(a) lost
(b) get lost
(c) got lost
(d) have gotten lost

9   A : How long have you studied English Literature?

B : It _____ 3 years since I began taking courses in it.

(a) is
(b) was
(c) will be
(d) has been

10   A : Excuse me, _____?

B : No, thank you. I'm just looking.

(a) do you serve
(b) are you serving
(c) do you being served
(d) are you being served

11 The refugees _____ to stay in these shelters since the end of last month.

(a) forced
(b) are forced
(c) have forced
(d) have been forced

12 These tourists _____ at the gate for nearly two hours before it finally opened.

(a) kept waiting
(b) waited to keep
(c) had been kept waiting
(d) were waiting for keeping

13 It _____ that these robots had special powers and could answer any question.

(a) once believed
(b) was once believed
(c) once was believing
(d) have once believed

14 When Charles _____ to leave, Janet told him to stay for dinner.

(a) turns
(b) was turning
(c) has been turned
(d) will turn

15 The ex-minister _____ from cancer for years before he died last week.

(a) suffer
(b) is suffering
(c) have been suffering
(d) had been suffering

16 When I arrived at the station, the train _____.

    (a) was left

    (b) has been left

    (c) had left

    (d) had been left

17 There _____ much trouble unless this is done by the day after tomorrow.

    (a) is

    (b) to be

    (c) will be

    (d) has been

18 Some people _____ with the first semester of general physics.

    (a) bores

    (b) are boring

    (c) are bored

    (d) will be boring

19 A child's mother is said _____ better than a hundred teachers.

    (a) to be

    (b) been

    (c) is

    (d) to has been

20 The number of cars _____ constantly growing in 2011.

    (a) are

    (b) were

    (c) is

    (d) has

UNIT 04 가정법

가정법에서는 동사의 형태와 if를 생략하고 도치한 구문이 자주 출제된다. 가정법은 현재나 과거의 상황을 반대로 가정할 때 사용되므로 문장을 볼 때 항상 형태와 내용에 주의해서 접근해야 한다.

유형 1 가정법

출제 포인트

가정법의 핵심 포인트는 동사의 형태와 if의 생략으로 일어나는 도치
가정법에서는 동사의 형태와 if가 생략되었을 때 도치되는 부분이 특히 중요하다. 또, 가정법 자체가 반대의 상황을 가정할 때 사용하는 것이므로 항상 형태와 내용을 주의해야 한다. 예를 들어, 가정법 과거는 문장의 형태는 과거지만 내용은 현재 상황을 반대로 가정한 경우이다.

기출 변형 If we had postponed the meeting, we _____ some bad feedback.

    (a) received
    (b) have received
    (c) would received
    (d) would have received

    📞 If절이 had+p.p. 형태인 과거완료 had postponed이므로 과거 사실을 반대로 가정하는 가정법 과거완료이다. 주절에는 〈과거형 조동사+have+p.p.〉가 와야 한다. 따라서 정답은 (d)이다.
    회의를 연기했더라면 우리는 안 좋은 평가를 받았을 텐데.

기본 다지기

1. **가정법 현재:** 현재나 미래의 불확실한 일에 대한 가정이나 상상

    ⑴ If+주어+현재시제, 주어+will[can/ may]+동사원형

    If you **rinse** your blanket in cold water with mild detergent, the stain **will** come out.
    담요를 순한 세제로 찬물에 씻어내면 얼룩이 지워질 거야.

    If this gentleman **be[is]** true to you, he will ask you to marry him.
    이 사람이 너에 대한 마음이 진심이라면 네게 청혼할 거야.

(2) 주어+제안[요구/ 충고/ 주장]동사+that+주어+(should)+동사원형

They **advise** that you (**should**) **carry** your passport at all times when you're abroad.
외국에 있을 때 항상 여권을 지니고 다녀야 한다고 충고한다.

I **recommended** that the work (**should**) **be** finished in time.
늦지 않게 일이 마무리되기를 권했다.

📞 과거동사(recommended)를 이용해 시제 일치 문제인 것처럼 오답을 유도하는 경우도 있다.

🔵 I recommended that the work was finished in time. (X)

> **제안[요구/ 충고/ 주장]동사**
> suggest, propose, advise, recommend, order, insist, urge, demand, require, request

(3) 주어+동사+이성적 판단 형용사+that+주어+(should)+동사원형

It is **vital** that we (**should**) **be** kept informed of what is in progress.
우리가 진행 중인 일을 계속 보고 받는 것은 중요하다.

> **이성적 판단 형용사**
> advisable, desirable, essential, imperative, important, required, urgent, necessary, natural, right, wrong

2. **가정법 미래:** 현실이나 미래에 실현 가능성이 희박한 일

(1) If+주어+should[were to]+동사원형, 주어+will[would]+동사원형: '혹시라도 ~하다면'

If this product **should** develop a fault, we **will give** you a refund.
= **Should** this **product** develop a fault, we **will give** you a refund.
이 제품에 결함이 생기면 환불해 드리겠습니다.

(2) If+주어+were to+동사원형, 주어+would[could/ might]+동사원형: 실현 가능성이 없는 순수 가정

If I **were to** be reborn, I **would want** to be a king.
= **Were I to** be reborn, I **would want** to be a king.
다시 태어나면 왕이 되고 싶다.

3. **가정법 과거:** 현재 사실의 반대

(1) If+주어+과거시제, 주어+would[could]+동사원형

If I **were** the boss, I **would** not **lay** off the men who have worked so loyally for more than 5 years.
= **Were I** the boss, I **would** not **lay** off the men who have worked so loyally for more than 5 years.
내가 만약 상사라면, 5년 이상 일해 온 충직한 사람들을 일시 해고하지는 않을 텐데.

(2) It is about[high] time (that)+주어+동사의 과거형 '~해야 할 때이다'

There is only one solution: **it is high time** that we **elect** magistrates.
오직 한 가지 해결책이 있다. 즉, 치안 판사를 선출해야 할 때라는 것이다.

📞 〈It is time (for+행위자)+to부정사〉 형식도 자주 쓰인다.

🔵 It is time **for us to elect** magistrates.

(3) 주어+would rather+(that)+주어+동사의 과거형: '~하는 편이 낫겠다'

I **would rather** you **answered** the question.
네가 그 질문에 대답을 하면 좋겠다.

(4) If it were not for+명사 = Were it not for[but for/ without]+명사: '~이 없다면, …할 텐데'

If it were not for computers, our lives would be very inconvenient.
= Were it not for computers, our lives would be very inconvenient.
= But for[Without] computers, our lives would be very inconvenient.
만일 컴퓨터가 없다면 우리 생활은 매우 불편할 것이다.

4. 가정법 과거완료: 과거 사실의 반대

(1) If+주어+had+p.p., 주어+조동사 과거형(would/ should/ could/ might)+have+p.p.

The report says that 80 percent of these deaths in car accidents **could have been avoided** if they **had fastened** their seat belts.
보도에 따르면 교통사고 사망 중 80%가 안전띠를 착용했었더라면 피할 수 있었을 것이라고 한다.

(2) If it had not been for+명사 (= had it not been for[but for/ without]+명사):
　　~이 없었더라면

If it had not been for your help, I could not have succeeded.
= Had it not been for your help, I could not have succeeded.
= But for[Without] your help, I could not have succeeded.
네 도움이 없었더라면 나는 성공하지 못했을 것이다.

5. 혼합 가정법

If+주어+had+p.p., 주어+조동사 과거형(would/ should/ could/ might)+동사원형

✎ If절은 과거 사실의 반대를 가정하고, 주절은 현재 사실의 반대를 가정한다. 혼합 가정문은 과거의 일이 현재에 영향을 미칠 때 사용한다. 주절에 now, today 같은 힌트가 있다.

If you **had** not **helped** me, I **would** not be alive now[today].
만약 네가 도와주지 않았더라면 나는 지금 살아있지 못할 것이다.

If the US Government **had built** more homes for the poor in 1950, there **wouldn't** be the housing problems it has now.
미국 정부가 1950년에 가난한 사람들을 위해 더 많은 집을 건설했더라면, 현존하는 주택 문제가 없을 텐데.

출제 포인트

as if 가정법에서 동사의 형태에 주목하라!
as if(= as though) 가정법에서 조건절과 귀결절의 동사 형태를 묻는 문제는 반드시 나온다.

I wish 이하 동사에 주의하라!
I wish 이하가 현재라면 과거시제를, 과거라면 과거완료를 써서 가정의 의미를 전달한다.
I wish는 미래에 있을 수 있는 일을 말할 때 직설법이 올 수 있으며, to부정사를 연결하여 문장을 만들 수 있다.

기출 변형   **In the drama, the daily lives of the neighbors were so intertwined, so it seemed as if they _____ to one another.**

(a) relate
(b) related
(c) are related
(d) have related

✎ 문장은 긴 편이지만 so 이하만 주의 깊게 보면 된다. seemed와 as if 이하의 동사를 과거시제로 통일해야 하므로 (b)가 정답이다.

드라마에서 이웃들의 일상은 너무 얽혀 있어서 마치 그들이 서로 관계 있는 것처럼 보였다.

기본 다지기

1. **I wish 가정법:** '~하면 좋을 텐데/ ~했다면 좋았을 텐데' (이룰 수 없는 소망)

(1) I wish 가정법 과거: 현재 이룰 수 없는 소망을 나타낸다.

I wish you **organized** your desk.
책상 좀 정리했으면 좋겠네요. (현재 상황에 대해 이야기하고 있음)

(2) I wish 가정법 과거완료: 과거에 이루지 못한 소망을 나타낸다.

I wish I **hadn't overheard** your conversation.
내가 당신들이 하는 얘기를 못 들었으면 좋았을 텐데요. (과거 상황에 대해 이야기하고 있음)

2. **otherwise:** '그렇지 않다면'

I took it for granted that you knew Jessie; **otherwise** I **would have set** a blind date for you.
네가 제시를 당연히 안다고 생각했어. 그렇지 않았다면 네게 소개팅을 해줬을 거야.

✎ otherwise가 if절을 대체하고 그 뒤에 가정법 주절이 온다. 이때 otherwise 뒤에는 직설법이 올 수 있다.
  예 He said he would try; **otherwise** I **will** probably have to take it to a garage.
    그가 해 보겠다고 말했어. 안 그러면 아마도 내가 정비소로 가져가야 할 거야.

3. **as if 가정법:** 마치 ~인 것처럼/ 마치 …이었던 것처럼

(1) as if 가정법 과거: '마치 ~인 것처럼'

He's spending money **as if** he **were** a millionaire.
그는 자신이 마치 백만장자라도 되는 양 돈을 쓰고 있다.

(2) as if 가정법 과거완료: '마치 ~이었던 것처럼'

He loved her **as if** she **had been** his own daughter.
그는 그녀를 마치 자기 딸처럼 사랑했다.

📞 어떤 내용을 가정한다기 보다는 사실적인 느낌으로 말할 경우에 직설법을 쓸 수도 있다.

　🅔 Whenever I taste blue cheese, I can feel **as if** I **am** chewing sweaty shoes.
　　블루 치즈를 맛볼 때마다 땀에 젖은 신발을 씹는 것 같다.

⚙ 암기만이 살 길!

1. 가정법의 시제

가정법 미래 – 현재나 미래의 불가능하거나 가능성이 희박한 일

If+주어+**should**[**were to**/ **would**]+동사원형, 주어+조동사의 과거[현재]

가정법 현재 – 현재나 미래에 대한 추측

If+주어+동사 현재, 주어+조동사 현재

가정법 과거 – 현재 사실에 대한 반대 가정

If+주어+동사 과거, 주어+조동사 과거+동사원형

가정법 과거완료 – 과거 사실에 대한 반대 가정

If+주어+**had p.p.**, 주어+조동사 과거+**have p.p.**

2. 혼합 가정법: (과거에) ~했더라면 (지금) …할 텐데 (가정법 과거완료+가정법 과거)

If+주어+**had p.p.**, 주어+조동사 과거+동사원형

3. 특수 가정법

I would rather you didn't.

It's time you went to school.

I wish[If only] he were happier.

I wish[If only] he had been happier.

She looked as if[as though] she were sick.

She looked as if[as though] she had been sick.

If it were not for[But for/ Without/ Were it not for] your help, I couldn't do it.

If it had not been for [But for/ Without/ Were it not for] your help, I couldn't have done it.

4. **if** 대용어구

suppose, provided (that), in case, in condition that, so long as

 유형 **3** If 생략과 도치

If 생략 시 〈주어＋동사〉 도치!
If절에서 If가 생략되면 주어와 동사의 도치가 발생한다. If 생략에 의한 도치는 가정법에서 다소 까다로운 부분이다. 도치 문을 해결하기 위해서는 주절의 형식을 통해서 가정법의 유형을 판단하고 If가 생략되기 전의 가정법 형식을 머릿속으로 떠올려 보아야 한다.

기출 변형   A: I wonder why nobody informed me that Ron have left for China to study.

B: _____ about it, we could have held a farewell party for him.

(a) We knew
(b) We had known
(c) Have we known
(d) Had we known

보기에 if가 없는 것으로 보아 가정법 도치 구문임을 알 수 있다. 론이 떠난다는 과거의 사실을 알았을 경우를 가정하고 있기 때문에 가정법 과거완료가 와야 하므로 (d)가 정답이다.

A: 왜 아무도 론이 중국으로 공부하러 떠났다고 내게 안 알려줬는지 모르겠네.
B: 알았더라면 송별회를 해줄 수 있었을 텐데.

기본 다지기

If you should want to know more about our products, you're welcomed to contact us via phone or email.
→ **Should you** want to know more about our products, you're welcomed to contact us via phone or email.
당사 제품에 대해 더 알고 싶으시면 전화나 이메일로 연락 주셔도 좋습니다.

If you **were to** decide to file a complaint, you'd need more evidence.
→ **Were** you **to** decide to file a complaint, you'd need more evidence.
소송하려면 더 많은 증거가 필요할 텐데.

If my supervisor **had sent** his reference letter earlier, I would have had a better chance.
→ **Had my supervisor sent** his reference letter earlier, I would have had a better chance.
상사가 추천서를 좀 더 일찍 보냈으면 가능성이 더 높았을 거예요.

If it were not for the Internet, our lives would be very different.
→ **Were it not for** the Internet, our lives would be very different.
만일 인터넷이 없다면 우리 생활은 매우 달랐을 것이다.

If it had not been for your advice, I could not have been encouraged.
→ **Had it not been for** your advice, I could not have been encouraged.
그때 네 조언이 없었더라면 용기를 내지 못했을 거야.

다음 괄호 안에서 알맞은 것을 고르시오. (1~5)

1 If you (have not missed, had not missed) the deadline for the final paper, you could have passed the course.

2 (Had it not been for, If it had not been) your help and cheer, we would not have won the gold medal.

3 If the ultraviolet rays of the sun had not been there, life (would not have evolved, would evolve) on Earth.

4 Everything has been fixed so far, but I wish the breakdown (had not happened, had not been happened) in the first place.

5 (Should, Were) I to win the lottery, I could have a cruise tour in the Mediterranean.

다음 문장에서 틀린 곳을 찾아서 고치시오. (6~10)

6 Teachers would have canceled classes if they knew about the severe storm.

7 Have the machine arrived later than expected, we might not have gotten the job done on time.

8 After Carlos quarreled with Grace, they acted as if nothing happened.

9 It is time that we do something about the poor condition of this factory.

10 But that your help, he would not have been promoted to executive manager his whole life.

정답

1 had not missed
2 Had it not been for
3 would not have evolved
4 had not happened
5 Were
6 knew → had known
7 Have the machine → Had the machine
8 happened → had happened
9 do → did
10 But that → But for

번역 및 해설

1 번역 기말 리포트 마감일을 어기지 않았다면 그 과목을 이수할 수 있었을 텐데.
해설 과거 사실에 대한 가정은 가정법 과거완료가 되어 If절에는 대과거를 사용한다.

2 번역 당신의 도움과 응원이 없었더라면, 우리는 금메달을 따지 못했을 거예요.
해설 과거 사실에 대한 가정이다. '~가 없었더라면'의 표현은 If it had not been for를 쓸 수 있고, Without이나 But for 를 대신 쓸 수도 있다.

3 번역 태양 자외선이 없었다면 지구에는 생명체가 진화하지 않았을 것이다.
해설 과거에 대한 가정이며 의미상 자연스러운 것은 would not have evolved이다.

4 번역 지금까지는 모든 것이 해결되었지만 와해가 처음부터 일어나지 않았으면 좋았을 뻔했어.
해설 문맥상 이미 어떤 일이 일어난 것이므로 과거에 대한 가정이 적합하다. 자동사 happen은 수동태로 쓰지 않는다.

5 번역 복권에 당첨되면 지중해로 크루즈 여행을 갈 거야.
해설 가능성이 희박한 미래에 대한 가정에서 If절에는 Were to 또는 Should를 사용한다. If가 생략되었으므로 Were는 주어 앞으로 도치된다.

6 번역 사나운 폭풍우에 대해 알았더라면 교사들은 수업을 취소했을 것이다.
해설 과거 사실에 대한 반대를 가정하는 것이기 때문에 If절에는 과거완료를 사용한다.

7 번역 기계가 예상보다 늦게 도착했더라면 우리는 정각에 작업을 마칠 수 없었을 것이다.
해설 가정법 과거완료에서 If가 생략되었으므로 Had가 문장 앞으로 도치되었다.

8 번역 카를로스와 그레이스는 말다툼한 후에 마치 아무 일도 없었던 것처럼 행동했다.
해설 과거에 대한 가정이므로 as if는 '마치 ~였던 것처럼'으로 해석된다. 가정법 과거완료에 해당하므로 had happened 를 쓴다.

9 번역 우리가 이 공장의 열악한 노동 조건에 대한 조치를 취할 때야.
해설 〈It's time (that)+주어+동사〉는 가정법 과거에 해당하므로 that절의 동사는 과거시제를 쓴다.

10 번역 너의 도움이 없었더라면 그는 평생 임원으로 승진하지 못했을 거야.
해설 가정법에서 '~가 없었다면', '…가 없었더라면'이라는 표현은 But for 또는 Without이다.

UNIT 05 부정사

부정사란 주어의 인칭이나 수, 시제에 제약을 받지 않는 동사형을 말한다. 영어에서
부정사라고 할 경우에 흔히 동사원형 앞에 to를 붙이는 to부정사와 동사원형을 쓰는
원형부정사를 말한다. to부정사는 명사, 형용사, 부사적 용법이 있으며 not to부정사,
의미상의 주어, 시제는 꼭 출제된다.

유형 1 · to부정사의 형태

출제 포인트

주어를 찾아라!
to부정사는 문장의 주어가 될 수 있지만 보통 주어 자리에 가주어 It을 사용하고 to부정사구를 뒤에 쓰는 경우가 많다.
to부정사가 주어일 경우, 동사는 단수형을 쓴다.

목적어를 찾아라!
to부정사는 타동사의 목적어가 될 수 있다. to 다음에 동명사(-ing)가 오면 to는 to부정사가 아닌 전치사로 사용된 것이다.
목적어 역할을 하는 to부정사가 긴 경우에는 가목적어 it을 쓰고 to부정사구는 문장의 뒤로 보낸다.

기출 변형 When Angela got to class, she was horrified _____ to study for the test.

(a) found she forgot
(b) to find she forgot
(c) at finding she had forgotten
(d) to find she had forgotten

✎ 감정을 나타내는 형용사 뒤에 to부정사가 사용될 수 있다. 앤젤라가 해당 사실을 발견한 것보다 공부하는 것을 잊
은 것이 더 먼저 일어난 일이므로 과거완료를 써서 (d)가 정답이다.

앤젤라는 교실에 도착했을 때 시험 공부해야 할 것을 잊은 것을 알고 깜짝 놀랐다.

기본 다지기

1. to+동사원형

   문장에서 주어, 목적어, 보어 역할을 한다.

   To see is to believe. (주어)
   보는 것이 믿는 것이다.

   It is necessary **to pass** laws about the new invention. (가주어 It)
   새로운 발명품에 관한 법률을 통과시킬 필요가 있다.

2. 주어+동사+의문사+to부정사

Kennedy couldn't decide **who(m) to go** with to the prom.
케네디는 졸업 파티에 누구랑 갈지 결정하지 못했다.

Karen stood still, not knowing **what to do**, when she found she was lost.
카렌은 길을 잃었다는 것을 알았을 때 뭘 해야 할지 몰라 우두커니 서 있었다.

3. to부정사의 수일치

to부정사가 주어로 올 때 수일치 문제도 간혹 출제된다. to부정사는 항상 단수 취급한다.

To pay for university is difficult for most families in the United States.
대학 등록금을 내는 것은 미국 대부분의 가정이 겪는 어려움이다.

 **유형2** to부정사의 의미상의 주어

출제 포인트

for[of] + 의미상의 주어
to부정사의 의미상의 주어란 to부정사가 나타내는 행위를 하는 행위자를 가리킨다. 의미상의 주어가 전체 문장의 주어나 일반인인 경우에는 따로 쓰지 않지만, 구체적으로 명시해야 할 경우에는 to부정사 앞에 목적격으로 나타낸다. 이때, 〈전치사+목적격〉 형식을 쓰는데 시험에서는 주어 앞에 전치사가 없는 경우와 of와 for를 바꾸어 놓은 문제가 출제될 수 있다.

📅 **기출 변형** A: **It's very sweet _____ you to help me out.**

B: **What are friends for?**

(a) for
(b) of
(c) on
(d) with

✎ 형용사 sweet과 to부정사의 의미상의 주어인 you 앞에는 of가 들어가야 하므로 (b)가 정답이다.
　　A: 이렇게 도와주다니 정말 친절하구나.
　　B: 친구 좋다는 게 뭐야?

기본 다지기

1. for+목적격

It is impossible **for me** to give the final presentation tonight.
오늘 밤 최종 발표를 하는 것은 나로서는 불가능하다.

2. of+목적격

It was foolish **of him** to waste his pay on such trifles.
월급을 그런 시시한 일에 낭비하다니 그는 어리석었다.

> **의미상의 주어로 〈of+목적격〉을 취하는 형용사: 사람의 특성을 나타내는 형용사**
> careful, careless, good, foolish, honest, kind, silly, rude, cruel, nice, clever, generous, polite, wise

3. 동사+목적어+to부정사

I need **him** to sign up for the mailing list service.
그가 메일링 리스트 서비스에 가입하기를 원한다.

📞 need는 〈동사+목적어+to부정사〉를 취하는 동사이다.

> **〈동사+목적어+to부정사〉 형식을 쓰는 동사**
> want, need, expect, invite, require, cause, persuade, convince, encourage, ask, force, compel, get, tell, pressure, allow, permit, enable, forbid, remind, advise, warn

4. 명사+to부정사

명사 뒤에서 to부정사가 수식할 때도 있다. (to부정사의 형용사적 용법)

Armstrong is said to be **the first man to** step on the moon.
암스트롱이 달을 밟은 최초의 인간이라고 한다.

There are **many tourist attractions to** see in Gyeongju.
경주에는 많은 관광 명소가 있다.

5. It is+easy[hard/ difficult/ possible/ impossible/ necessary/ convenient]+to부정사

이 형용사는 뒤에서 to부정사가 수식하고, It은 가주어. to부정사는 진주어인 구문이다.

It is not **easy to get** along with neighbors in a metropolis like New York.
뉴욕 같은 대도시에서 이웃과 사이 좋게 지내는 것은 쉽지 않다.

6. to부정사구의 전치사

사람이 주어일 경우, 〈가주어+진주어〉구문으로 바꿔 보면 문장이 맞는지, 틀린지 확인할 수 있다.

Bryan is hard to work with. → It is hard to work with Bryan. (O)
브라이언은 같이 일하기 힘들다.

Bryan is hard to work. → It is hard to work Bryan. (X)
브라이언은 일을 시키기 힘들다.

⚙ **암기만이 살 길!**

to부정사를 목적어로 취하는 동사
ask, care, expect, hope, request, wish, decide, determine, promise, swear, arrange, manage, plan, prepare, seek, strive, afford, agree, choose, dare, hesitate, offer, pretend, refuse

 **유형 2** to부정사의 부정

📋 **기출 변형** **A: Have you made up your mind about the part-time job?**

B: I've decided _____ this vacation.

(a) to work not
(b) not to work
(c) working not
(d) not working

📞 decide는 to부정사를 목적어로 취하는 동사이며 to부정사의 부정형은 to 앞에 not을 붙여 만들 수 있으므로 (b)가 정답이다.
A: 아르바이트 어떻게 할지 결정했어?
B: 이번 방학에는 일 안 하려고.

기본 다지기

1. **not[never]+to+동사원형**

   If you choose **not to subscribe** to our newspaper anymore, return the bill marked "cancel."
   저희 신문을 더 이상 구독하지 않기를 원하시면, '취소'라고 표시된 청구서를 돌려보내 주세요.

   If you tell people **never to eat** something sweet again, you're setting them up for a diet failure.
   달콤한 것을 절대 먹지 말라고 하면 오히려 다이어트를 망치도록 도와주는 것입니다.

2. **only to+동사원형: '결국 ~하다'**

   My grandma tried hard **only to fail** the driver's license test.
   할머니는 열심히 노력했지만 결국 운전면허 시험에 떨어지셨다.

3. **too+형용사+to+동사원형: '너무 ~해서 할 수 없다'**

   He was **too proud to apologize** to his boss for a little mistake he made.
   그는 자존심이 너무 세서 자신의 작은 실수도 상사에게 사과할 수 없었다.

4. **enough to+동사원형: '~하기에 충분하다'**

   The new energy policy is **not enough to reduce** carbon emissions.
   새로운 에너지 정책은 탄소 방출을 줄이기에 충분하지 않다.

 **유형 4** to부정사의 수동형, 완료형, 진행형

📆 **기출 변형** Helen seems _____ a lot of weight.

  (a) lose
  (b) lost
  (c) to be lost
  (d) to have lost

  ↳ 몸무게가 줄어든 일은 현재시제인 seem보다 과거에 일어난 일이므로 한 시제 앞선 have+p.p.를 써야 한다.
   따라서 (d)가 정답이다.
   헬렌은 몸무게가 많이 줄어 보인다.

기본 다지기

1. **to부정사의 수동형: to+be+p.p.**

   Only twenty days after they germinated, the seedlings were ready **to be transplanted** outside.
   묘목이 발아한 지 겨우 20일 만에 밖에 옮겨 심을 준비가 되었다.

2. **to부정사의 완료형: to+have+p.p.**

   Nearly two thousand people are thought **to have been injured or killed** in the earthquake in Chile.
   칠레 지진으로 거의 2,000명이 부상을 입거나 사망한 것으로 여겨진다.

3. **to부정사의 진행형: to+be+-ing**

   The stress from the exam seems **to be making** him a lot more irritable these days.
   시험으로 인한 스트레스로 그는 요즘 부쩍 짜증이 느는 것 같다.

⚙ 암기만이 살 길!

독립부정사구

To begin with[To start with] 우선
To make matters worse 설상가상으로
Strange to say 이상한 이야기지만
To make a long story short[To be short/ To be brief] 한마디로 말하면
So to speak 말하자면
Not to say ～라고 말할 정도는 아니지만
Not to speak of[To say nothing of/ Not to mention/ Let alone] ～은 말할 것도 없이
To say the least[At least] 적어도

 대부정사

출제 포인트

〈to + 동사원형〉에서 반복하는 동사는 생략하고 to만 남겨두는 형태
일반 동사는 생략하지만 be동사가 필요한 경우에는 to be 형태로 남겨둬야 한다.

기본 다지기

You didn't submit the report. I thought you were supposed **to do it**.
보고서를 올리지 않았더군. 나는 자네가 해야 하는 것인 줄 알았어.

I don't like my blue dress as much as I **used to**.
옛날만큼 내 파란색 옷이 좋지 않아요.

We are no longer on good terms with each other, but we used **to be**.
우리는 더 이상 사이가 좋지 않지만, 예전엔 좋았어요.

 to가 없는 부정사: 원형부정사

출제 포인트

사역동사/ 준사역동사/ 지각동사 + 원형부정사
목적보어로 원형부정사를 쓴다.

기본 다지기

사역동사	have/ let/ make
준사역동사	help/ get
지각동사	see/ hear/ feel/ sound/ taste/ notice/ smell

준사역동사 help는 목적보어로 to부정사와 원형부정사를 모두 쓸 수 있다.

지각동사는 원형부정사외에도 -ing형태(현재분사)를 목적격 보어로 받을 수 있다.

get은 목적어와 목적격 보어의 관계가 능동일 때는 to부정사가, 수동일 때에는 과거분사가 목적격 보어로 온다.

다음 괄호 안에서 알맞은 것을 고르시오. (1~5)

1 They seem (to divest, to be divested) themselves of their tribal attributes.

2 It is sly of him (not to come, to not come) making an excuse of his father's illness for not coming to work.

3 It is not surprising (of, for) her to be late for work more than ten minutes. In fact, it is a bad habit for her to correct.

4 I am responding to your recent classified ad about a position for an interpreter for the conference (to be held, to hold) in Hong Kong.

5 Newcomers to the marketing department are striving (outperforming, to outperform) each other as competitors.

다음 문장에서 틀린 곳을 찾아서 고치시오. (6~10)

6 To ensure fairness for those wishing moving to this country, totally revised immigration laws are needed.

7 Jamie announced that he decided to go not any of the universities that had accepted him.

8 It is quite natural for this generation have a desire for something new.

9 The digital revolution has made possible to create a believable virtual world in 3D.

10 The principal urged the students stop chatting and running around during recess.

정답

1 to divest
2 not to come
3 for
4 to be held
5 to outperform
6 moving → to move
7 to go not → not to go
8 have → to have
9 made possible → made it possible
10 stop → to stop

번역 및 해설

1 번역 그들은 부족의 특색을 잃은 것처럼 보인다.
해설 타동사 divest의 목적어가 있으므로 to부정사는 능동태가 되어야 한다.

2 번역 아버지의 병을 핑계로 회사에 나오지 않다니 그는 교활하다.
해설 to부정사를 부정할 때 not은 to 앞에 쓴다.

3 번역 그녀가 10분 이상 회사에 지각하는 것은 놀랄 일이 아니다. 사실 이것은 고쳐야 하는 그녀의 나쁜 습관이다.
해설 문맥상 surprising은 her의 특성을 나타내지 않으므로 의미상의 주어 앞 전치사는 for를 쓴다.

4 번역 홍콩에서 개최되는 회의 통역사와 관련된 귀하의 최근 구인 광고를 보고 연락 드립니다.
해설 회의가 개최되는 것이므로 to부정사의 수동태로 표시한다.

5 번역 마케팅 부의 신입 사원들은 서로를 경쟁자로 보고 상대를 능가하기 위해 노력하고 있다.
해설 strive는 to부정사와 연결되는 동사다.

6 번역 이 나라로 이주하고 싶은 사람들에게 공정함을 기하기 위해서 전면적인 개정된 이민법이 필요하다.
해설 wish는 to부정사를 목적어로 취한다.

7 번역 제이미는 입학 허가를 받은 그 어떤 대학교에도 가지 않기로 결심했다고 선언했다.
해설 to부정사를 부정하는 경우 to 앞에 not 또는 never를 쓴다.

8 번역 이 세대는 으레 새로운 것을 원하기 마련이다.
해설 주어 자리에 가주어 It이 있고 의미상의 주어 for this generation이 있으므로 진주어인 to부정사가 필요하다.

9 번역 디지털 혁명은 실제 같은 가상 세계를 3D로 창조하는 것을 가능하게 해 주었다.
해설 made 뒤에 진목적어인 to부정사에 대한 가목적어 it이 빠져 있다.

10 번역 교장 선생님은 학생들에게 쉬는 시간에 복도에서 떠들거나 뛰어다니지 말라고 당부했다.
해설 urge는 목적보어로서 to부정사를 쓴다.

UNIT 06

동명사

동명사는 〈동사+ing〉형태이며 문장에서 명사와 동사의 역할을 동시에 한다. 동명사는 명사처럼 문장에서 주어, 목적어, 보어 자리에 올 수 있으며, 목적어를 취할 수도 있다. 동명사를 목적어로 취하는 동사와 관용 표현을 숙지해둬야 한다. 동명사의 시제 또한 자주 출제되는 문제이다.

유형 1 동명사의 용법

출제 포인트

동사+ing
동명사는 문장에서 주어, 목적어, 보어, 형용사의 역할을 한다. 동명사가 주어일 경우 항상 단수 취급한다.

기출 변형 A: It's good for Sally to live in such a spacious studio.

B: I don't know why she's considering _____.

(a) move
(b) to move
(c) moving
(d) to moving

consider는 동명사를 취하는 동사이므로 정답은 (c)이다. moving은 consider의 목적어 역할을 한다.
A: 샐리는 넓은 원룸에 살아서 좋겠다.
B: 집을 왜 옮기려고 하는지 모르겠어.

기본 다지기

1. **주어 역할**

   Recycling paper causes less water and air pollution.
   종이를 재활용하는 것은 수질과 공기 오염을 덜 발생시킨다.

2. **목적어 역할:** 타동사 또는 전치사의 목적어

   A theatrical play is a way of **reflecting** human behavior and events in history or daily lives.
   연극 공연은 역사나 일상에서의 사건들을 반영하는 하나의 방법이다.

3. 보어 역할

동명사가 보어일 경우 주어와 동격이다. 이때 현재진행시제와 혼동하지 않도록 한다.

What matters is **playing** with my team no matter if we win or lose.
중요한 것은 우리가 이기든 지든 우리 팀과 경기하는 것이다.

> **동명사를 취하는 동사**
> contemplate, consider, forgive, fancy, permit, delay, put off, postpone, avoid, evade, escape, abandon, give up, quit, finish, stand, risk, propose, suggest, deny, anticipate, mind, enjoy, imagine

동명사의 의미상의 주어

출제 포인트

소유격? 목적격?
동명사의 의미상의 주어는 일반적으로 소유격을 쓰는 것이 원칙이지만 구어체에서는 목적격도 쓰인다. 의미상의 주어가 일반명사일 경우에는 그대로 목적격으로 쓰면 된다.

⏎기출 변형 He remembers _____ being easy-going people with cheerful spirits.

(a) they
(b) theirs
(c) them
(d) themselves

✎ 동명사의 의미상의 주어는 소유격 또는 목적격이 될 수 있으므로 they의 목적격인 (c)가 정답이다.
그는 그들이 매우 느긋하고 쾌활한 사람이었던 것으로 기억한다.

기본 다지기

1. 소유격

Michelle's doctor told her that her sleeping disorder stems from **her** being stressed and pressured at school.
미쉘의 의사는 그녀의 수면 장애가 학교에서 스트레스와 압박을 받는 것에서 비롯한다고 말했다.

2. 목적격

일반적으로 소유격을 쓰는 것이 원칙이지만 구어체에서는 목적격도 쓰인다.

If you don't mind **me** asking, how much does your car cost?
괜찮다면 당신의 차가 얼마나 하는지 물어봐도 될까요?

유형 3 동명사의 부정

출제 포인트

not + 동사 + ing
동명사의 부정은 동명사 앞에 not을 붙이면 된다.

기본 다지기

I regretted **not having** been nicer to her while we were together.
그녀와 사귈 때 더 잘해주지 못한 것이 후회스럽다.

He must have made a big mistake of **not listening** to his advisor.
그는 지도 교수님의 충고를 듣지 않는 큰 실수를 저지른 것이 분명하다.

유형 4 동명사의 수동형과 완료형

출제 포인트

동명사의 수동형은 being+p.p.를 사용한다. 주의할 점은 need, deserve, want, require 등의 동사 다음에 오는 동명사는 수동태 형식이 아니어도 수동의 뜻을 전달할 수 있다는 것이다.
동명사의 시제에도 주의해야 하는데 동명사의 시제가 본동사의 시제보다 앞설 때 having+p.p.를 사용한다.

기출 변형 He is proud of _____ arrested in five states.

(a) is
(b) been
(c) be being
(d) having been

✎ 문장의 시제는 is로 현재이지만 문맥상 남자가 과거에 다섯 개 주에서 체포되었던 걸로 이해할 수 있으므로 동명사의 시제는 완료형이 와야 한다. 따라서 (d)가 정답이다.
그는 (예전에) 다섯 개 주에서 체포되었던 것을 자랑스러워 한다.

기본 다지기

1. **동명사의 수동형**: being+p.p./ having+been+p.p.

Some were lucky to escape **being killed** amid gunfire.
어떤 사람들은 포화 속에서 달아날 정도로 운이 좋았다.

Her subconscious still bears the wounds of **having been abandoned** when she was a little girl.
그녀의 잠재의식에는 어렸을 때 버림받았다는 상처가 남아 있다.

2. **동명사의 완료형**: having+p.p.

Students suspected of **having contracted** H1N1 Flu are coming back to school.
신종플루에 걸린 것으로 의심된 학생들이 학교로 돌아오고 있다.

I blushed with shame at the thought of my **having lied** to him.
나는 그에게 거짓말했던 것이 생각나 창피해 얼굴을 붉혔다.

 유형 **5** 동명사와 부정사의 의미 비교

to부정사는 앞으로 할 일, 동명사는 했던 일
to부정사는 특정한 경우에만 해당되지 않고 일반적으로 '~해야 할 일', 동명사는 '~했던 일'이라는 의미가 있다. 예를 들어, ⟨remember+to부정사⟩는 앞으로 할 일을 기억하는 것이고, ⟨remember+동명사⟩는 과거에 했던 일을 기억한다는 뜻이다.

기본 다지기

I **remember happening to** meet Matt Damon in a restaurant back when I was in Budapest.
부다페스트에 있을 때 식당에서 맷 데이먼을 만났던 기억이 난다.

The National Election Commission is running a campaign with a simple slogan, "Don't **forget to** vote".
선거 관리 위원회는 '투표하는 것을 잊지 마세요'라는 간단한 표어로 캠페인을 벌이고 있다.

⭐ 암기만이 살 길!

동명사의 관용표현

1. ⟨전치사 **to**+동명사⟩ 형태

look forward to+동명사 ~하는 것을 기대하다
be accustomed to+동명사 ~에 익숙해지다
admit (to)+동명사 ~을 인정하다
be committed to+동명사 ~에 전념하다
be used to+동명사 ~에 익숙하다
What do you say to+동명사? ~하는 게 어때?

lead to+동명사 ~로 이어지다, …의 결과를 낳다
be dedicated to+동명사 ~에 기여하다
confess to+동명사 ~을 고백하다
be devoted to+동명사 ~에 헌신하다
be attributed to+동명사 ~의 탓이다

2. 기타 관용표현

There is no+동명사 = **It is impossible**+to부정사 ~하는 것은 불가능하다
cannot help+동명사 = **cannot but**+동사원형 ~하지 않을 수 없다
feel like+동명사 = **feel inclined**+to부정사 ~하고 싶은 기분이다
It goes without saying that ~은 말할 필요도 없다
have trouble[a problem]+(in)+동명사 = **have a hard time**+(in)+동명사 ~하는 데 어려움을 겪다
It is no use[good/ sense/ point]+동명사 ~하는 것은 소용이 없다
be on the point[edge/ verge/ brink] of+동명사 = **be about to**+동사원형 막 ~하려던 참이다
not[never] without+동명사 ~하면 반드시 …하다
come near+동명사 거의 ~할 뻔하다
make a point of+동명사 = **be in the habit of**+동명사 = **make it a rule**+to부정사 ~하는 것을 규칙으로 삼다
What do you think about[of]+동명사? = **Why don't you**+동사원형? = **How[What] about**+동명사?
~하는 게 어때?
end up+동명사 결국 ~하다
spend+시간[돈]+(in)+동명사 ~하는 데 시간[돈]을 쓰다
on[upon]+동명사 ~하자마자

70

다음 괄호 안에서 알맞은 것을 고르시오. (1~5)

1 Do you mind (waiting, to wait) for a second while I make a withdrawal from the ATM?

2 People are accustomed to (using, to use) a credit card without carrying any change.

3 He was so focused on his studies for the exam next week that he almost forgot (eating, to eat) all day long.

4 (Not having to, Having not to) get up early in the morning is just one of the perks of being retired.

5 (Traveling, Travel) through India leaves tourists more enlightened about what they have.

다음 문장에서 틀린 곳을 찾아서 고치시오. (6~10)

6 Criminals masked themselves to avoid to be identified before breaking into the bank.

7 In the age of globalization, we cannot help to learn foreign languages.

8 I'm looking forward to meet you all to hear your ideas.

9 We ended up leave the party early because the babysitter made an urgent call.

10 You must remember looking both sides before crossing the road.

정답

1 waiting
2 using
3 to eat
4 Not having to
5 Traveling
6 to be → being
7 to learn → learning
8 meet → meeting
9 leave → leaving
10 looking → to look

번역 및 해설

1 번역 인출기에서 돈을 뺄 동안 잠시만 기다려 줄래요?
해설 mind는 동명사를 목적어로 취한다.

2 번역 사람들은 잔돈을 가지고 다니지 않고 신용 카드를 쓰는 데 익숙하다.
해설 be accustomed to의 to는 전치사로 뒤에 동명사가 온다.

3 번역 그는 다음 주에 있을 시험 공부에 너무 열중한 나머지 하루 종일 먹는 것도 잊었다.
해설 '~해야 할 일을 잊다'의 의미에서 forgot 다음에 to부정사를 쓴다.

4 번역 일찍 일어나지 않아도 되는 것은 은퇴에 따르는 특전들 중 한 가지에 지나지 않는다.
해설 not을 동명사 앞에 써서 부정형을 만든다.

5 번역 인도 여행을 통해 여행객들은 자신이 갖고 있는 것에 더 눈을 뜨게 되었다.
해설 동사원형은 주어가 될 수 없으므로 동명사를 쓰는 것이 좋다.

6 번역 강도들은 신원이 밝혀지는 것을 막기 위해 은행에 침입하기 전에 복면을 했다.
해설 avoid는 동명사를 목적어로 취하며 '신원이 밝혀지는 것'은 수동형으로 나타낸다.

7 번역 세계화 시대에 우리는 외국어를 공부하지 않을 수 없다.
해설 '~하지 않을 수 없다'의 뜻으로 cannot help+ -ing를 쓴다.

8 번역 여러분의 아이디어를 듣기 위해 여러분 모두를 만나 뵙기를 고대합니다.
해설 look forward to 다음에는 동명사가 온다.

9 번역 아기를 보는 사람이 급히 전화를 해서 우리는 파티장을 떠났다.
해설 end up 다음에 동명사가 와서 '결국 ~하다'의 의미를 나타낸다.

10 번역 길을 건너기 전에 언제나 잊지 말고 길 양쪽을 보시오.
해설 '~해야 할 일을 잊지 않다'의 뜻일 때는 remember 다음에 to부정사를 쓴다.

1   A : Do you think your son can pass the bar exam?

B : I wish I _____ the answer.

(a) knew

(b) know

(c) had known

(d) could have been known

2   A : Can I help you, sir?

B : I'd like _____ this box wrapped.

(a) having

(b) getting

(c) to have

(d) to being

3   A : Stop _____ at our children in public.

B : Sorry, honey. I didn't mean to.

(a) scream

(b) to scream

(c) screamed

(d) screaming

4   A : I heard Jack is likely to fail the test.

B : Right. If he had paid more attention, he _____ the test.

(a) shouldn't have flunked

(b) wouldn't have flunked

(c) could have flunked

(d) must have flunked

5   A : One of my classmates told me that you had a car accident last week.

B : But for my seatbelt, I _____ seriously.

(a) are injured

(b) were injured

(c) had been injured

(d) could have been injured

6 A : What are you going to cook for lunch?
    B : I haven't decided _____ yet.

(a) cooking what dish
(b) what dish to be cooking
(c) what dish to cook
(d) to what dish

7 A : Dr. Lee, there's a Ms. Osburne here to see you.
    B : Thanks. Please have her _____ in the lobby when I'm done with my report.

(a) wait
(b) to wait
(c) waited
(d) waiting

8 A : Wow, look at all the mess!
    B : I know my room needs _____.

(a) to cleaning
(b) cleaned
(c) to be cleaned
(d) clean

9 A : Would you mind _____ a lift to the post office?
    B : Of course not.

(a) to give me
(b) giving me
(c) me giving
(d) me to give

10 A : Did you see Jenny last semester?
    B : Actually, I remember _____ her a few times.

(a) to see
(b) to seeing
(c) seeing
(d) to have seen

11 Please come to my graduation party _____ at Barney's next week.

   (a) be holding
   (b) holds
   (c) to be held
   (d) holding

12 If Peter _____ earlier, he would not have been so surprised.

   (a) apologize
   (b) apologized
   (c) has apologized
   (d) had apologized

13 This language course is designed to make students _____ the communication concepts.

   (a) understand
   (b) understood
   (c) understanding
   (d) to understand

14 Susie would have bought the watch if it _____ less expensive.

   (a) was
   (b) were
   (c) has been
   (d) had been

15 It is time you _____ some answers.

   (a) get
   (b) got
   (c) have got
   (d) have been got

16 If Jacob had asked you out on a date, you _____ a great time with him now at the party.

(a) can have
(b) could have been
(c) can have had
(d) could have

17 She was believed _____ by one of her coworkers to tell a lie.

(a) having persuaded
(b) to have persuaded
(c) having been persuaded
(d) to have been persuaded

18 This data is used _____ the determinants of wages in 2011.

(a) to analyzing
(b) to analyze
(c) to be analyzing
(d) to have analyzed

19 This is a list of drinks to avoid _____ to people with diabetes.

(a) give
(b) to give
(c) giving
(d) given

20 The device is easy to set up and technical support is available _____ any trouble.

(a) should you have
(b) you should have
(c) you have should
(d) have you should

UNIT 07 분사

분사에서는 형태, 즉 -ing 형태인 현재분사인지 p.p. 형태인 과거분사인지를 묻는 문제가 출제된다. 선택지에 -ing나 p.p.가 있다면 분사 문제일 가능성이 높다. 분사구문은 축약 형태와 관련된 표현을 익혀야 한다. 명사 전후에 수식하는 올바른 형태를 물어보는 문제 역시 다수 출제되고 있다.

유형 1 현재분사와 과거분사

출제 포인트

현재분사 vs. 과거분사
분사는 동사의 형태가 변해 형용사와 같은 기능을 한다. 명사 앞뒤에서 수식하는 현재분사와 과거분사를 구분하는 문제는 꼭 출제된다. 현재분사는 진행이나 능동인 경우, 과거분사는 완료나 수동인 경우에 쓴다.

기본 다지기

1. **현재분사**

   The government ordered a ban on the prescription and manufacturing of cold medicines **containing** PPA today.
   정부는 오늘 PPA 성분이 함유된 감기약에 대한 처방 및 제조 금지 조치를 내렸다.

   Rising demand for memory chips is expected as many companies replace their computers with new models.
   많은 기업들이 컴퓨터를 신모델로 교체함에 따라 메모리 칩의 수요 증가가 예상되고 있다.

2. **과거분사**

   Unless there are sufficient warnings **given** about a drug, more and more young people will take it thinking it is safe.
   마약에 대해 충분히 경고하지 않는 한, 더욱 더 많은 젊은이들이 마약이 안전하다고 여기고 복용할 것이다.

   Up until 2004, at least 25% of bottled water **sold** in the US was repackaged city tap water.
   2004년까지 미국에서 판매된 생수의 적어도 25퍼센트는 수돗물을 포장만 잘 한 것이었다.

현재분사와 과거분사 정리

현재분사: 수식을 받거나 설명을 받는 명사가 분사가 나타내는 행위의 주체(영향을 주는 것)

과거분사: 수식을 받거나 설명을 받는 명사가 분사가 나타내는 행위의 대상(영향을 받는 것)

자동사: 현재분사 – 진행의 의미 (자동사를 분사로 만들 때 대부분 현재분사를 사용)

　　　　과거분사 – 완료의 의미 (자동사의 과거분사에는 수동 의미가 아닌 어떤 행위가 완료된 상태를 의미, **fallen leaves** '낙엽')

타동사: 현재분사 – 능동과 진행의 의미 (타동사 뒤에 목적어가 있는 경우)

　　　　과거분사 – 수동과 완료의 의미 (타동사 뒤에 목적어가 없는 경우)

※ 분사에서 능동과 수동의 의미를 따지는 문제는 대부분 타동사를 이용한 문제들이다.

유형 2 　분사의 후치수식

출제 포인트

분사의 위치를 확인하고, 분사가 문장에서 어떤 요소를 수식하고 있는지 살펴 보고 현재분사와 과거분사를 구분하라.
분사 뒤에 목적어가 있거나 전치사구 또는 to부정사가 연결될 경우에 분사가 뒤에서 앞에 있는 명사를 수식하는데 이를 후치수식이라고 한다.

기본 다지기

Anyone **ordering office supplies** should first check with their division supervisor.
사무용품을 주문하려면 먼저 부서 책임자와 상의해야 한다.

The author's famed biographies typically depicted the lives of women **endowed with a bounty of intellect and grace**.
그 작가의 유명한 전기들은 전형적으로 지성과 기품이 넘치는 여성들의 생애를 묘사했다.

The trend of the 1960's, sometimes **called** the back-to-nature movement, influenced many people to avoid fast food.
때때로 자연으로 돌아가자는 운동으로 불렸던 1960년대의 경향은 많은 사람들이 패스트푸드를 피하도록 영향을 주었다.

🖎 예문에서 the back-to-nature movement는 called의 목적어가 아닌 보어에 해당된다. 분사 뒤에 명사 보어가 오는 경우에 이것을 분사의 목적어로 착각하여 능동적 의미의 현재분사 calling을 쓰지 않도록 주의하자.

유형 3 · 분사의 서술적 용법

출제 포인트

분사의 서술적 용법이란 분사가 명사의 앞이나 뒤에서 직접 수식을 하기 보다는 be동사 등의 뒤에서 주어를 보충 설명해 주거나, 목적어 뒤에서 목적어를 보충 설명하는 식으로 사용된 경우를 말한다.

기본 다지기

The investigation will be left **hanging** until prosecutors get a chance to interview more witnesses.
검사들이 더 많은 증인들을 인터뷰할 기회를 얻을 수 있을 때까지 수사가 유보될 것이다. [주격보어]

📞 '미정 상태로 남다, 보류하다'의 자동사 hang이 현재분사가 되어 주격보어 역할을 한다.

I heard someone **crying** somewhere in the rain.
누군가가 빗속 어딘가에서 우는 것을 들었다. [목적격보어]

유형 4 · 분사형 접속사와 전치사

출제 포인트

분사형 접속사[전치사]란 현재분사나 과거분사 형태의 분사가 마치 접속사처럼 절을 이끌거나 전치사처럼 명사구를 이끄는 경우를 말한다. 예를 들어서 '~을 고려할 때'라는 의미가 특별히 능동이나 수동적인 의미를 따질 필요 없이 단순히 Considering처럼 관용적으로 사용할 수 있다.
분사는 절을 이끄는 하나의 접속사 역할을 할 수 있으며 경우에 따라서는 명사(구)를 취하는 전치사 역할을 할 수도 있다.

기본 다지기

Considering that Finland has developed from an agrarian outpost to its present position as a beacon of high technology, the economy is quite a success story.
핀란드가 농경을 주로 하는 벽지의 작은 나라에서 현재의 첨단 기술의 상징으로 성장한 것을 고려해 볼 때, 핀란드의 경제는 성공 신화나 다름없다.

Supposing the average Korean man lives 72.8 years, about one in three will develop cancer in some part of the body.
한국 남성이 평균 수명인 72.8세까지 산다고 가정한다면 세 명 중 한 명은 신체 어디에든 암이 생길 것이다.

 분사구문

출제 포인트

출제 포인트

부사절에서 접속사와 주어를 생략한 채 분사를 사용하여 부사구를 만든 것을 분사구문이라고 한다.
분사구문은 이유, 양보, 시간, 조건 또는 연속된 사건이나 동시에 발생한 사건을 나타낸다.
분사구문에서 주어가 생략된 경우에 생략된 주어가 주절의 주어와 동일한지 확인하고, 주어가 분사에 대해 능동적 주체
인지 수동적 대상인지 판단하여 현재분사와 과거분사를 선택하는 것이 분사문제의 핵심이다.

기본 다지기

Taking off our shoes, **we** crept cautiously along the passage.
신발을 벗은 채로 우리는 통로를 따라 조심스럽게 기어갔다. [신발을 벗는 것은 we]

Left by herself in the mansion, **she** was so terrorized that she couldn't sleep during
the night.
대저택에 혼자 남겨진 후 그녀는 너무 공포에 질린 나머지 밤새도록 한잠도 자지 못했다. [she는 남겨지는 대상, 수동의미]

Though understanding no Spanish, **Helen** was able to communicate with
shopkeepers in Madrid.
스페인어를 이해하지는 못하지만 헬렌은 마드리드의 가게 주인들과 의사소통을 할 수 있었다. [헬렌은 이해하는 주체, 능동의미]

✎ 분사구문에서 p.p.는 앞에 being을 쓰기도 하고 생략하기도 한다. 또한 분사구문에서 접속사의 의미를 명확히
하기 위해 접속사를 생략하지 않는 경우가 있다.

 분사구문의 시제, 태, 부정

출제 포인트

분사구문의 시제가 주절의 시제보다 과거인 경우에 having+p.p.를 사용한다. 여기에 수동의 의미가 첨가되면
having+been+p.p. 형식이 된다. having+p.p.를 수동태로 생각하는 경우가 많은데 have와 p.p. 사이에 been이 있
어야 수동형이 된다는 것을 기억하자.
분사구문에서는 having+been을 생략하기도 한다.

기본 다지기

Having been elected as the president of the Linguistic Society of America, he gave
an acceptance speech.
미국 언어학회 회장으로 선출되면서 그는 수락 연설을 했다.

Not having heard from him for two weeks, we finally decided to report it to the
police.
2주 동안 그와 연락이 닿지 않자 우리는 마침내 이를 경찰에 신고하기로 했다.

✎ 소식을 듣지 못한 것이 주절의 시제보다 앞선 시제이므로 완료분사를 사용했다. 또한 분사구문의 부정형을 위해서는
not과 같은 부정어를 분사 앞에 두는 것이 일반적이다.

다음 밑줄 친 곳에 들어갈 말을 고르시오. (1~5)

1 You shouldn't drive while (having intoxicating, intoxicated).

2 You shouldn't forget to come to the next class (preparing to discuss, prepared to discuss) the topic.

3 (Know not, Not knowing) the outcome of the investigation, she refused to make any public comment.

4 (Considering, Considered) his age, he is very mature and intelligent.

5 China's rapid economic growth has led to widespread clearing of vegetation, (caused, causing) the Gobi and other desert areas to expand.

다음 문장에서 틀린 곳을 찾아서 고치시오. (6~10)

6 I found out that the expensive vase belonged to that museum had disappeared during the night.

7 The bank makes most of its income from interest earning on loans and investment in stocks and bonds.

8 If leaving untreated, high blood pressure takes a toll on the heart and larger arteries.

9 Having transferred to Europe for ten years, Jason currently works near his hometown in Washington again.

10 He says that meeting the deadlines setting by law to build the facilities "would probably bankrupt the city."

1 intoxicated
2 prepared to discuss
3 Not knowing
4 Considering
5 causing
6 belonged → belonging
7 earning → earned
8 leaving → left
9 transferred → been transferred
10 setting → set

번역 및 해설

1 번역 음주 운전을 하면 안 돼요.
해설 while (you are) intoxicated에서 주어와 be동사가 생략된 분사구문 형태다.

2 번역 그 주제에 대해 토론할 준비를 하고 다음 수업에 오는 것 잊지 마세요.
해설 문맥상 '준비된 상태'를 나타내는 것은 수동 의미의 과거분사를 쓰는 것이 적합하다.

3 번역 그녀는 조사 결과를 알지 못했으므로 공개적 논평을 일체 거부했다.
해설 분사의 부정은 분사 앞에 not을 쓴다.

4 번역 나이에 비해 그는 아주 성숙하고 똑똑하다.
해설 consider의 목적어인 his age가 있고 주어가 his이므로 분사는 능동적 의미의 현재분사가 된다. 분사형 전치사로 볼 수 있다.

5 번역 중국의 급속한 경제 성장으로 삼림이 광범위하게 제거되면서 고비 등 사막 지대가 확장되고 있다.
해설 타동사 cause의 목적어가 있으므로 능동태가 되어 현재분사를 사용한다.

6 번역 나는 그 박물관 소유인 비싼 꽃병이 밤사이 분실되었다는 것을 알았다.
해설 belong to는 자동사이므로 수동의 의미인 과거분사로 쓰지 않고 현재분사로 쓴다.

7 번역 은행은 대부분의 수입을 대부와 주식 및 채권 투자로부터 얻는다.
해설 수입은 얻어진 것이므로 수동적 의미이다. interest (which was) earned에서 주격 관계대명사와 be동사가 생략된 형태로 볼 수 있다.

8 번역 만약 치료를 받지 않은 상태로 둔다면, 고혈압은 심장과 더 큰 동맥을 위험하게 한다.
해설 고혈압이 '치료되지 않은 채 남겨지다'는 수동태이다. If (it is) left untreated 형식으로 볼 수 있다.

9 번역 유럽에 10년 동안 전근을 간 이후에 제이슨은 현재 다시 워싱턴에 있는 고향 가까이에서 일한다.
해설 타동사 transfer 뒤에 목적어 없이 전치사구가 이어지므로 전근을 가는 것은 수동으로 보아야 한다. 또한 분사구문의 시제가 주절보다 한 시제 앞서는 경우 완료분사구문을 사용한다.

10 번역 법이 규정한 마감일에 맞춰 숙박 시설을 갖추려면 '이 도시는 아마 파산하게 될 것'이라고 그는 말한다.
해설 마감일은 정해지는 수동의 의미이므로 과거분사로 수식한다.

UNIT 08

조동사

조동사는 동사를 도와주는 동사이기 때문에 화자의 의지나 추측 등 뉘앙스가 중요하다.
시험에서는 상황에 따른 조동사의 의미를 묻는 문제와 조동사 관련 표현이 출제된다.

 **can, could**

1. 능력: ~할 수 있다 (= be able to/ be capable of)

Chameleons **can** use color to regulate their body temperature.
카멜레온은 체온을 조절하기 위해 색을 이용할 수 있다.

2. 가능성: ~일 수도 있다

More than 70% of heart attacks **could** be avoided.
심장 마비 중 70% 이상을 막을 수 있었다.

3. 허가: ~해도 좋다 (= may)

Can I have your catalogs introducing your products?
제품을 소개하는 상품 안내서를 가져도 될까요?

4. 공손한 요청

Could you provide me with some information about your company?
귀사에 대한 정보를 좀 주시겠습니까?

5 추측

(1) 현재의 추측 cannot be: ~일리가 없다

The rumor that Rob accepted a bribe **can't be** true.
롭이 뇌물을 수수했다는 소문은 사실일리가 없다.

(2) 과거의 추측 cannot have p.p.: ~했을 리가 없다

I know Mrs. Dunham well. She can't have told you a lie.
내가 던햄 부인을 잘 아는데 말이야. 너한테 거짓말했을 리가 없어.

 ## may, might

1. **허가:** ～해도 좋다 (= can/ be allowed to)

   You **may[are allowed to]** write it either with a pen or a pencil.
   펜이나 연필로 써도 된다.

2. **추측:** ～일지도 모른다

   The authority said professional hackers **may[might]** have accessed the personal profiles of 30,000 people.
   당국은 전문 해커들이 3만 명의 개인 정보에 접근했을지도 모른다고 말했다.

3. **양보:** 어순을 묻는 문제가 출제되기도 한다.

   No matter how[However] hard you may study, you will not be able to master a foreign language in a couple of years.
   아무리 열심히 공부하더라도 2년여 내에 외국어를 자유롭게 구사할 수는 없다.

4. **기원:** 상대의 성공이나 장수 등 축복을 기원하는 문장에 사용될 수 있다.

   May all your dreams come true.
   당신의 모든 꿈이 이루어지기를 바랍니다.

 **will, would**

1. will

(1) 미래: ~할 것이다 (= be going to)

Flight 869 departing for Bangkok **will** begin boarding soon at Gate 29.
방콕행 869편이 29번 게이트에서 곧 탑승을 시작할 예정이다.

☎ be going to는 미래의 일에 대한 예상이나 의도된 계획을 나타낸다.

📞 I feel like something very important **is going to** happen.
뭔가 아주 중요한 일이 일어날 것 같은 기분이다.

(2) 주어의 의지나 고집

If it concerns my parents, **I will** do anything.
우리 부모님에 관한 일이라면, 나는 뭐든지 할 거야.

I don't know what is wrong with this car, but it **won't start**.
도대체 차에 무슨 문제가 있는지 모르겠지만 시동이 걸리지 않는다.

The door won't open; it is stuck fast.
그 문은 열리지 않을 거야, 꽉 닫혀 있거든.

2. would

(1) will의 과거

I never thought he **would** run his own business.
그가 자기 사업을 하리라고는 생각지도 못했다.

(2) 과거의 불규칙한 습관

I **would** be late for school when I was in junior high.
중학교 때 지각하곤 했었다.

He **would** often stay up all nights playing computer games.
그는 종종 컴퓨터 게임을 하며 밤을 새곤 했었다.

(3) 공손한 요청

Would you please post this leaflet on the bulletin board?
게시판에 이 광고 좀 붙여 주시겠어요?

> **would를 이용한 관용 표현**
> would rather+(not)+동사원형 '~하는 편이 낫다'
> would like '~하고 싶다'
> would-be '장차 ~이 되려고 하는'

 **used to**

1. 과거의 습관

My children **used to** visit my parents daily, but not anymore.
우리 아이들은 매일같이 할아버지 댁을 방문하곤 했지만 이젠 아니다.

↳ used to가 과거에 하던 행동이 습관적이고 규칙적임을 나타내는 것과 달리 would는 보통 부사 often과 함께 쓰여서 습관적이지만 어느 정도 불규칙적으로 하던 행동을 나타낸다.

2. 과거의 상태

There **used to** be an old church at the corner.
길 모퉁이에 오래된 교회가 있었다.

↳ 과거의 동작을 나타낼 경우에는 used to 대신에 would를 쓸 수 있지만, 상태를 나타낼 경우에는 used to만 쓴다.

3. 〈be used to+동사원형〉 vs. 〈be+used to+ -ing〉

be+used to+ -ing은 '~에 익숙하다'라는 뜻으로 흔히, 〈used to+동사원형〉과 혼동할 수 있다.

For decades, he has **been used to sleeping** without a pillow.
그는 수십 년 동안 베개 없이 자는 데 익숙해졌다.

c.f.) be+used to+ -ing의 주어로 사물을 쓰지 않도록 한다.

c.f.) 수동태 used to: to부정사를 이용한 수동태 형식으로 〈be used to+동사원형〉을 사용한다.

Lavender oil is **used to take the sting out** of a burn.
라벤더 오일은 화상을 가라 앉히기 위해 쓰인다.

The loans will **be used to finance** the company's operating expenses.
차입금은 회사의 영업 비용으로 사용될 것이다.

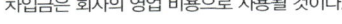

 **should, ought to**

1. 의무: ~해야만 한다

A leader, who gathers the reins into his hands to citizens, **should[ought to]** be punished.
국민들에게 지배권을 휘두르는 지도자는 처벌 받아야만 한다.

2. 과거 사실에 대한 후회나 유감: ~했어야만 했다 (should[ought to] have p.p.)

The CEO should have known better not to make such a decision.
CEO가 그런 결정을 하지 않도록 분별력이 있어야 했는데.

3. should의 생략

(1) 명령, 제안, 요구를 뜻하는 동사(order, suggest, demand, insist 등)가 목적어로 취하는 that절

His lawyers **insisted** that the court **(should) drop** their demands in view of the ongoing leadership vacuum.
그의 변호사단은 계속되는 지도력 공백을 고려해서 법정이 그들의 요구를 무시해야 한다고 주장했다.

(2) 당위, 필요성(essential, important, required, necessary, natural 등)을 뜻하는 형용사 다음에 that절

It is strongly **recommended** that the machines **(should) be** checked every year.
그 기계들을 매년 점검할 것을 강력히 권고한다.

 must

1. 강한 의무: ~해야만 한다 (= have to, should, ought to)

People with diabetes **must** follow certain dietary rules, such as avoiding sugar.
당뇨 환자는 설탕을 섭취하지 않는 등 식이 요법을 준수해야 한다.

2. 강한 추측

(1) must+동사원형: ~임에 틀림없다

It **must** not **be** Matthew. He has gone to Las Vegas for the weekend.
매튜일 리가 없다. 그는 주말에 라스베이거스에 갔다.

(2) must have p.p.: ~이었음에 틀림없다

Seeing them planning to go to Fiji again, they **must have been fascinated** by its amazing nature.
피지에 또 갈 계획을 세우는 것을 보니 그들은 피지의 멋진 자연에 매료되었음에 틀림없다.

☺ **암기만이 살 길!**

의미에 따라 형태가 다른 **must**의 부정

must not(의무) = **need not** '~할 필요가 없다' ≠ **don't have to**(불필요)

must not(강한 금지) '~해서는 안 된다' = **may**(허가)의 부정 ≠ **cannot**(부정적 확신) '~일리가 없다'

※**cannot**은 **may**(추측)의 부정

 **need, dare**

1. **need**: 주로 부정문이나 의문문에서 조동사로 사용된다.

    (1) **don't have to[don't need to/ need not]**+동사원형: ~할 필요가 없다

    They told him that he **need** not answer.
    그들은 그에게 대답할 필요가 없다고 말했다.

    (2) **need not have p.p.**: ~할 필요가 없었다

    Carrie **need not have spent** so much on shoes.
    캐리는 구두에 많은 돈을 소비할 필요가 없었다.

2. **dare**: 조동사로 쓰일 때는 뒤에 동사원형이 쓰이고, 뒤에 **not**이 올 수 있지만 일반동사로 쓰이면 **to**와 함께 사용된다.

    ※ **dare to**는 '감히 ~하다'의 의미를 가지고 있다.

    How **dare** he oppose me?
    = How does he **dare to** oppose me?
    어떻게 그가 나를 감히 반대해?

조동사+have p.p.

must have p.p. ~했음에 틀림없다
can't have p.p. ~했을 리가 없다
may have p.p. ~했을지도 모른다
should have p.p. ~했어야 했는데 (하지 않았다)

다음 밑줄 친 곳에 들어갈 말을 고르시오. (1~5)

1 The school bus is behind schedule this morning due to the heavy snow.
It (must, should) have been here ten minutes ago.

2 It has been suggested that kids who play video games incessantly (may, should) become overly violent.

3 Children are liable to do what they (ought not to, not ought to) do.

4 We (used to, are used to) build a complete profile for each customer.

5 I would rather (wear nothing, wearing nothing) than have fur on my body.

다음 문장에서 틀린 곳을 찾아서 고치시오. (6~10)

6 When I lived in the suburbs, there would be an old temple in my neighborhood.

7 You should come to the reunion last night. It was interesting.

8 Some evidence found at the crime scene suggests that Mr. Williams be the suspect.

9 The Committee on Nutrition have long recommended that people would consume foods less than 30 percent fat.

10 Erica may as well be proud of her son who is a born businessman.

1 should

2 may

3 ought not to

4 used to

5 wear nothing

6 would → used to

7 should → should have

8 be → is

9 would → should

10 may as well → may well

번역 및 해설

1 번역 오늘 아침은 폭설 때문에 버스가 늦네. 10분 전에 왔어야 했는데.
해설 의미상 과거에 '~했어야 했는데'는 should+have+p.p.가 적당하다.

2 번역 끊임없이 비디오 게임을 하는 아이들은 매우 폭력적으로 될지도 모른다는 말이 있다.
해설 문맥상 '~해야 한다'의 해석이 아니기 때문에 should를 쓰지 않는다.

3 번역 아이들은 해서는 안 되는 일을 하는 경향이 있다.
해설 ought to의 부정은 ought not to다.

4 번역 우리는 고객 개개인의 완벽한 프로필을 작성하곤 했었다.
해설 현재 하지 않는 과거의 규칙적인 행동은 〈used to+동사원형〉으로 쓴다.

5 번역 모피를 걸치느니 아무것도 입지 않겠다.
해설 would rather 다음에는 동사원형이 온다.

6 번역 내가 교외에 살 때 근처에 오래된 절이 있었다.
해설 과거의 상태를 나타낼 경우에는 would가 아닌 used to를 사용한다.

7 번역 네가 어젯밤 동창회에 왔어야 했는데. 재미있었어.
해설 과거에 하지 않은 일을 하면 좋았을 것이라고 이야기하고 있으니 should+have+p.p.를 써야 한다.

8 번역 범죄 현장에서 발견된 몇몇 증거는 윌리엄스 씨가 용의자라는 것을 암시한다.
해설 해석상 suggest가 '제안하다'가 아니기 때문에 (should) be라고 생각하지 말아야 한다. 시제를 일치시켜 is가 되어야 한다.

9 번역 영양 위원회는 30퍼센트 미만의 지방을 섭취해야 한다고 오래전부터 권고해 왔다.
해설 recommend가 '~해야 한다'의 의미를 만들기 때문에 that절의 조동사는 would가 아닌 should를 쓴다.

10 번역 에리카가 타고난 사업가인 아들을 자랑할 만도 하다.
해설 '~하는 것도 당연하다'는 may well이다.

UNIT 09 명사와 관사

명사와 관련해 수량형용사를 기억하자. 즉, 셀 수 있는 명사 앞에 오는 수량형용사와 셀 수 없는 명사 앞에 쓰는 수량형용사의 종류를 정확하게 알고 있어야 한다. 명사 문제는 항상 관사와도 연관 지어 학습하자.

유형 1 셀 수 있는 명사와 셀 수 없는 명사

출제 포인트

명사와 관사

셀 수 있는 명사 앞에 관사(a, an, the)를 쓰거나 복수형으로 써야 한다. 셀 수 없는 명사 앞에 부정관사(a, an)를 쓰지 않고 복수형 어미도 붙이지 않는다. 항상 단수 취급하며 수량형용사와 함께 쓰이는 경우가 많다.

기출 변형 The film festival was _____ thanks to the enthusiasm of all the attendees and staff.

(a) a success
(b) success
(c) successes
(d) the success

success는 셀 수 없는 명사이지만 구체적인 행사를 가리킬 경우에는 부정관사 a를 앞에 사용한다. 따라서 정답은 (a)이다.

영화제는 참가자들과 스태프의 열정 덕분에 성공이었다.

기본 다지기

1. 보통명사(셀 수 있는 명사)

보통명사는 구체적인 모양이 있거나, 눈에 보이는 일정한 형태가 없더라도 개별적 대상으로 인식되면 셀 수 있는 명사로 본다. 셀 수 있는 명사는 단수일 때 앞에 부정관사 a/ an을 쓸 수 있고, 복수일 때는 복수형으로 만들 수 있다. 수사(one, two, three)를 비롯하여 수를 나타내는 수량한정사(a few, few, many 등)의 수식도 받을 수 있다.

Please make sure to have the account number on hand before you call to inquire about **an account.**
계좌 내용에 관한 전화를 하시기 전에 반드시 계좌 번호를 준비하십시오.

The Wright **brothers** became interested in aviation after Lilienthal's accidental death in a glider flight.
라이트 형제는 릴리엔탈이 글라이더 비행 후 사고사했을 때 비행에 관심을 갖게 되었다.

2. 물질명사와 추상명사(셀 수 없는 명사)

The growth of e-commerce is expected to save **paper** and **energy**.
전자 금융의 발달은 종이와 에너지를 절약할 것으로 기대된다.

Her **kindness** has restored my faith in human beings.
그녀의 친절함 덕분에 나는 인간에 대한 신뢰를 회복할 수 있었다.

✎ 특정한 형태가 없는 물질명사나 하나의 개념을 뜻하는 추상명사는 셀 수 없는 명사로 분류되어 부정관사나 복수형을 사용하지 않는다. 다만 필요할 경우에 수사나 양을 나타내는 한정사(much, (a) little, some, any 등)의 수식을 받을 수 있다.

⑩ Two glasses of wine at dinner is his only indulgence.
저녁 식사 때 하는 포도주 두 잔은 그의 유일한 낙이다.

> **시험에 자주 출제되는 셀 수 없는 명사**
> information, advice, knowledge, pollution, evidence, news, nutrition, weather, news, attention, mail, advertising, patience, traffic, business

3. 집합명사

Several **families** still work to preserve the old tradition of making tapestry.
일부 가문들은 오랜 전통의 태피스트리 제조법을 보존하기 위해 노력하고 있다.

Police are investigating whether the fire was started on purpose or occurred naturally.
경찰은 화재의 원인이 고의인지 자연적 발생인지를 조사하고 있다.

People have been burning fossil fuels like petroleum, coal and natural gas.
사람들은 석유, 석탄, 천연가스 같은 화석 연료를 연소해 왔다.

✎ people은 별도의 복수형을 만들지 않더라도 그 자체로써 복수로 취급하여 복수동사를 쓴다. 다만, 개별적인 국민이나 민족을 가리킬 때는 부정관사를 쓰거나 복수형을 만들 수 있다.

⑩ Some **peoples** in Africa at that time had to flee for safety.
그 당시 아프리카의 몇몇 민족들은 피난해 갈 수밖에 없었다.

⑩ Archaeologists have unearthed an enormous ancient city built by **an unknown people**.
고고학자들은 알려진 바 없는 민족이 세운 거대한 고대 도시를 발굴했다.

✿ 암기만이 살 길!

항상 복수 취급, 셀 수 있는 명사로 간주되므로 many, few 등 수식 가능:
police, clergy, cattle, poultry, aristocracy, gentry, nobility, peasantry

한정을 받지 않으면 그냥 사용하고, 복수 어미가 붙지 않음:
cattle, people, poultry, vermin

항상 단수 취급, 셀 수 없는 명사로 간주되므로 much, little 등으로 수식:
furniture, jewelry, machinery, stationery, baggage, clothing, equipment

 유형 **2** 명사의 수와 수일치

📋 기출 변형 **A great many respected _____ here with us today.**

(a) teacher is
(b) teachers is
(c) teacher are
(d) teachers are

↳ a great[good] many 뒤에는 복수명사와 복수동사가 오므로 정답은 (d)이다. 같은 뜻을 가진 many a 뒤에는
단수명사와 단수동사가 온다.

오늘 많은 존경 받는 선생님들이 우리와 함께 하십니다.

기본 다지기

1. many a+단수명사+단수동사/ a great[good]+many+복수명사+복수동사

   Many a friend was lost at a joke.
   = **A great[good] many friends were** lost at a joke.
   많은 학생이 농담을 이해하지 못했다.

2. 단수와 복수의 뜻이 다른 명사

arm 팔/ arms 무기	authority 권한/ authorities 당국
custom 관습/ customs 세관	damage 피해/ damages 손해 배상
expense 비용/ expenses 경비	good 이익/ goods 상품
manner 방법/ manners 예법	pain 고통/ pains 수고
paper 종이/ papers 보고서, 신문	quarter ¼/ quarters 숙소, 지역
room 공간/ room(s) 방	saving 절약/ savings 저축
time 시간/ times 시대	water 물/ waters 바다

3. 복수로 쓰는 명사

   (1) 항상 복수 형태로 사용

   If you want to take a shower, you'll have to take **turns**.
   샤워를 하려면 순서를 지켜야 한다.

change buses 버스를 갈아타다	change lanes 차선을 변경하다
change seats 자리를 바꾸다	exchange greetings 인사를 주고받다

   (2) 명사의 특성상 복수 형태로 사용: trousers, scissors, spectacles, socks, gloves, pants 등

   I would like to have these **trousers** pressed and the stain on the shirts removed.
   이 바지는 다려주시고, 셔츠에 있는 얼룩은 제거해 주세요.

(3) 형용사와 동명사에서 온 명사는 복수 취급: valuables, earnings, savings

Quarterly **earnings** are seldom reported to the shareholders.
분기별 수익은 주주들에게 거의 보고되지 않는다.

(4) 학문, 병, 국가: 형태는 복수지만, 단수 취급

Physics is a branch of natural science.
물리학은 자연 과학의 한 분야이다.

학문

economics 경제학	ethics 윤리학	linguistics 언어학
mathematics 수학	phonetics 음성학	physics 물리학
statistics 통계학/ 통계 자료(복수)		

병

diabetes 당뇨병	measles 홍역	rabies 광견병

나라

the United States 미국	the Netherlands 네덜란드

유형 3 수량 표현 형용사

출제 포인트

명사와 관련된 수량 형용사는 셀 수 있는 명사 앞에 사용하는 수량형용사와 셀 수 없는 명사 앞에 쓰는 수량형용사로 구분해서 기억하자.

기본 다지기

1. each, one, every, another, a single, either, neither+셀 수 있는 명사 단수형태

   Almost **every country** is interested in the peacetime uses of atomic energy.
   거의 모든 나라가 핵에너지의 평시 사용에 관심이 있다.

   Each nation has accused the other of violating the agreement.
   두 나라는 서로 상대방이 조약을 위반했다고 비난하고 있다.

2. both, several, various, a couple of, few, a few, fewer, many, numerous, a variety of, a number of+셀 수 있는 명사 복수형태

   Several Asian **nations** were decolonized by European powers or Japan after World War II.
   아시아의 몇몇 나라는 2차 세계 대전 후 유럽 강국이나 일본의 식민 통치에서 벗어났다.

   A variety of performances will be presented in the opening ceremony.
   개막식에서 다채로운 공연이 펼쳐질 것이다.

3. little, a little, less, much, a great deal of, a large number of+셀 수 없는 명사

   She has accomplished many things, and commands **a great deal of respect**.
   그녀는 많은 것들을 이루었고 존경 받을 만한 인물이다.

4. no, more, some, lots of, a lot of, plenty of, other, all, most, any+셀 수 있는[없는] 명사

There is **a lot of evidence** that the new drug lowers blood pressure.
신약이 혈압을 낮춘다는 증거가 많이 있다.

There were **a lot of struggles** against autocracy in 1970s Korea.
1970년대 한국에는 독재 정치에 항거하는 반독재 투쟁이 많이 있었다.

 유형 **명사 전환**

출제 포인트
명사가 다른 성질의 명사로 전환되는 경우도 있다.

기본 다지기

1. **물질명사 → 보통명사**

셀 수 없는 명사들 중에는 구체적인 개체나 어떤 일을 나타내는 경우에 셀 수 있는 명사가 되기도 한다.

A fire can be controlled or stopped if it is discovered in time.
화재는 제때 발견되면 통제하거나 막을 수 있다.

Do you always wear **those glasses**?
항상 안경을 써요?

2. **추상명사 → 보통명사**

They assert that the agreement is **a failure** that lacks proper negotiation strategies.
그들은 그 합의문이 적절한 협상 전략이 없는 실패작이라고 주장한다.

She is such **a beauty** that everybody turns to look at her when she passes.
그녀는 상당한 미인이어서 지나가면 사람들이 누구나 돌아본다.

3. **the+형용사 → 대표명사**

〈the+형용사〉가 복수명사를 가리키는 경우에 형용사 뒤에 people이 생략된 것으로 볼 수 있다.

The young are liable to be more impetuous than **the old.**
젊은이는 노인보다 더 충동적이기 쉽다.

Those most susceptible to disease are often **the weak** and **the elderly.**
질병에 가장 쉽게 감염되는 사람들은 주로 노약자이다.

📞 〈the+형용사〉를 단수명사로 보는 경우도 있다.

📖 **The accused** faces from 5 years to life imprisonment.
피고는 최소 5년 징역형에서 최고 종신형까지 받을 수 있다.

 **유형 5** 부정관사와 정관사

출제 포인트

부정관사와 정관사의 쓰임
관사는 우리말에는 없는 품사인 만큼 시험에 자주 출제되므로 의미와 용법을 확실하게 익혀두어야 한다.

기본 다지기

1. 부정관사 a, an

(1) one: 하나의

In some parts of the world, the day lasts for more than **a month** in the winter.
세계의 어떤 곳에서는 겨울에 낮이 한 달 이상 계속된다.

(2) per: ～마다

HIV treatment today can mean swallowing as many as 20 pills **a day**.
오늘날 에이즈 치료제는 하루에 알약 20정씩 먹어야 한다.

 ↳ per a day처럼 per와 a를 함께 쓰지 않도록 하고, 전치사 by와 함께 쓰여서 '단위'를 나타낼 경우에
by the day[month] 형식을 쓴다는 것에 주의하자.

(3) 전체를 대표

A dog has more intelligence than many other animals.
개는 많은 다른 동물보다 지능이 뛰어나다.

2. 정관사 the

(1) 구 또는 절의 수식을 받는 경우

명사가 분사구나 전치사구와 같은 수식어구나 절에 의해 수식을 받는 경우에 흔히 정관사가 수식을 받는 명사 앞에
쓰인다.

The man waiting in line is Doctor Bishop.
줄 서서 기다리고 있는 사람은 비숍 박사님이에요.

(2) 대화자끼리 서로 알고 있거나, 문맥상 정해져 있는 경우

During the fire, **the firemen** urged **the people** around to stay calm.
불이 나고 있는 동안에 소방대원들이 주위 사람들에게 침착해 줄 것을 당부했다.

(3) 최상급과 서수 앞에

Over 23,000 delinquents filed for bankruptcy in **the first** nine months this year.
신용 불량자 23,000명 이상이 올해 9월까지 개인 파산을 신청했다.

 ↳ 서수 앞에 일반적으로 정관사를 쓴다. 하지만 서수라 하더라도 second가 '또 다른, 추가적인'의 의미를 가질 때는
정관사가 아니라 부정관사를 쓰기도 한다.

 ⓔ The use of military force would have triggered **a second** Korean war.
군사력 동원으로 제2의 한국 전쟁이 발발했을지도 모른다.

(4) 유일한 것 앞에

At that time, Mongolia under the rule of Chingiz Khan was the most powerful country in **the world**.
칭키즈칸이 지배할 당시의 몽골은 세계에서 가장 강력한 국가였다.

(5) 바다, 해협, 강, 하천, 운하, 산맥, 군도, 반도 등 앞에

Freedom won out because of the leadership of statesmen on both sides of **the Pacific**.
자유가 이긴 것은 태평양 양쪽 정치가들의 영도력 때문이다.

(6) by+the+단위 표시

In America, they sell apples **by the pound**.
미국에서는 사과를 파운드 단위로 판다.

관사의 위치

출제 포인트

항상 〈관사+부사+형용사+명사〉?
명사구에 있어 일반적인 어순은 〈관사+부사+형용사+명사〉이지만 어순이 다른 경우가 있기 때문에 주의해야 한다.

기출 변형 The comedian gave _____ to avoid the embarrassing situation.
(a) so witty an answer
(b) an answer so witty
(c) an so witty answer
(d) witty so an answer

〈so+형용사+관사+명사〉의 어순으로 와야 하므로 정답은 (a)이다.
코미디언은 난감한 상황을 피하기 위해 재치 있는 답변을 했다.

기본 다지기

1. such, quite, rather, what+부정관사+(형용사)+명사

   On July 5, 1954 Elvis Presley recorded his first single, which was to have **such a tremendous effect** on pop music.
   1954년 6월 5일 엘비스 프레슬리는 첫 번째 싱글 앨범을 녹음했고, 그 앨범은 대중음악에 엄청난 영향력을 미치게 됐다.

2. so, too, as … as, how+형용사+관사+명사

   He is **too smart a guy** to be wasting his talents.
   그는 영특해서 재능을 낭비할 사람은 아니다.

3. all, both, double, twice, half+the+(형용사)+명사

   I paid **double the price** at a night bazaar in China.
   중국 야시장에서 2배로 비싸게 샀다.

 **유형 7** 관사의 생략

출제 포인트

a나 the가 없어도 괜찮아!
셀 수 있는 명사라도 관사 없이 쓰이는 경우가 있다.

기본 다지기

1. **교통, 통신 수단**

   If I'd wanted to travel **by bus,** I would have bought a bus ticket.
   버스로 여행을 하고 싶었다면 버스표를 구입했을 것이다.

2. **식사, 병명, 운동, 학과, 계절 등**

   I have an egg for **breakfast** about three times a week.
   일주일에 세 번 정도 아침 식사로 계란을 하나씩 먹는다.

3. **직책, the position[title] of+명사**

   He moved up from the second spot to become **president** of the company.
   그는 회사의 두 번째 위치에서 사장으로 승진했다.

4. **kind, sort, type of+명사**

   My sister is into yoga, Pilates and those **kind of** things.
   내 여동생은 요가, 필라테스와 같은 것들을 무척 좋아한다.

암기만이 살 길!

부정관사 **a**를 이용한 관용 표현

make a speech 연설을 하다	**keep an eye on** 주시하다, 돌보다	**in a hurry** 급한, 서두르는
come to an end 끝나다	**all of a sudden** 갑자기	**at a distance** 좀 떨어져서
have a mind to ~할 마음이 있다	**make a noise** 떠들다, 소문이 나다	**be at a loss** 당황하여, 어찌할 바를 몰라
make a visit 방문하다	**have a look at** ~을 훑어보다	**give a ride[lift]** 차를 태워주다
have a talk 말을 하다	**have a try at** ~을 해 보다	**as a rule** 대체로, 일반적으로

다음 괄호 안에서 알맞은 것을 고르시오. (1~5)

1 Flight attendants need to check where passengers store their (luggages, luggage).

2 I never expected to gain popularity in (such a short time, such short a time) with my debut album.

3 Tourists are told to be aware of pickpockets and pay extra attention to their (valuables, valuable) at all times.

4 Most cells are too small to be seen without (the help of, help of) a microscope.

5 Earth Day became (success, a success) because of ordinary people who were concerned about the environment.

다음 문장에서 틀린 곳을 찾아서 고치시오. (6~10)

6 It is a matter of regret that the long continued negotiations have finally proved to be failure despite our cooperative attitude.

7 Freedom won because of the sacrifices of many in Atlantic.

8 There was a feeling of depression in the factory when news of the layoffs was announced.

9 Especially the young and an elderly are strongly advised not to engage in outdoor activities.

10 As long as you don't get in accident, you can borrow my car whenever you want to.

1 luggage
2 such a short time
3 valuables
4 the help of
5 a success
6 failure → a failure
7 Atlantic → the Atlantic
8 news → the news
9 an elderly → the elderly
10 accident → an accident

번역 및 해설

1 번역 승무원은 승객이 짐을 어디에 보관하는지 확인해야 한다.
해설 luggage는 셀 수 없는 명사이기 때문에 복수형을 쓰지 않는다.

2 번역 데뷔 앨범으로 이렇게 짧은 시간에 인기를 얻게 될 줄은 정말 몰랐다.
해설 〈such+a+형용사+명사〉의 어순이다.

3 번역 관광객들은 소매치기를 주의하고 귀중품에 항상 각별히 신경 써야 한다는 얘기를 듣는다.
해설 '귀중품'의 뜻이 되어야 하므로 valuables를 쓴다.

4 번역 대부분의 세포는 너무 작아서 현미경 없이는 볼 수 없다.
해설 전치사구 of 이하의 수식을 받는 명사는 제한적인 상태가 되어서 정관사를 앞에 쓴다.

5 번역 지구의 날은 환경을 걱정하는 일반인 덕분에 성공했다.
해설 구체적인 일(Earth Day)을 나타내는 경우 success는 셀 수 있는 명사가 된다.

6 번역 우리의 협조적 태도에도 불구하고 오랜 시간에 걸친 교섭이 실패로 끝난 것은 유감입니다.
해설 구체적으로 실패한 일이나 사람을 의미할 경우에 failure는 셀 수 있는 명사가 된다.

7 번역 자유의 승리는 대서양 지역에서의 수많은 희생 덕분이다.
해설 바다, 대양 이름에는 정관사를 사용한다.

8 번역 일시 해고 소식이 발표되자 공장에 침울한 기운이 감돌았다.
해설 전치사구 of the layoffs에 의해 수식을 받는 news에 정관사 the를 붙인다.

9 번역 특히 어린이와 노인은 집 밖에서 활동하지 말 것을 권고합니다.
해설 the young과 대구를 이루어 '노인들'을 의미하기 위해서는 the elderly가 되어야 한다.

10 번역 네가 사고만 내지 않는다면 원할 때는 언제든지 차를 빌릴 수 있어.
해설 accident는 셀 수 있는 명사이므로 단수형에서는 부정관사 an을 붙인다.

1 A : Why are you stopping sale of our company's products?

B : Well, we may _____ out of stock.

(a) to run

(b) have run

(c) ran

(d) run

2 A : What would you like to have for dinner?

B : I'll just have _____, thanks.

(a) one of pizza

(b) slice of pizza

(c) a slice of pizza

(d) a slice of a pizza

3 A : How long does it take you to get to work?

B : It's _____.

(a) five minutes walk

(b) five minute walks

(c) a five minutes walk

(d) a five minute walk

4 A : Chris, you didn't come to the party yesterday. What happened?

B : Well, I'd _____ about it.

(a) not talk rather

(b) rather talk not

(c) rather not talk

(d) talk rather not

5 A : I wonder if they returned from their vacation.

B : I saw the wife _____ her car this early morning.

(a) cleaning

(b) is cleaning

(c) was cleaning

(d) cleaned

6   A : Oh, I can't reach that cup on the top shelf.

B : Here, Paul _____ get it down for you.

(a) must
(b) do
(c) would
(d) will

7   A : I'll quit my school and be an actor.

B : Surely you _____ be serious!

(a) won't
(b) can't
(c) mustn't
(d) don't

8   A : I heard Rebecca in the marketing department was fired yesterday.

B : She showed up late for _____ again.

(a) the work
(b) works
(c) work
(d) working

9   A : Is this bus going to city center?

B : I'm afraid not. You need to change _____ at Gloria market.

(a) the bus
(b) bus
(c) those buses
(d) buses

10   A : Why do you back him up even if everyone hates him?

B : _____ all the circumstances, I cannot help but support him.

(a) Know
(b) Knew
(c) Known
(d) Knowing

11 You can send these documents by _____.

    (a) a fax
    (b) fax
    (c) the fax
    (d) the faxes

12 I wonder if you have a lot of _____ that falls under the category of "Used".

    (a) machinery
    (b) machineries
    (c) these machineries
    (d) many machineries

13 The winner returned to his team _____ with the result of the match.

    (a) satisfy
    (b) satisfied
    (c) be satisfied
    (d) having satisfied

14 I suggested that Jennifer _____ for another job last night.

    (a) look
    (b) looks
    (c) looked
    (d) to look

15 Justin insisted that he _____ his chance to win the title.

    (a) will give up
    (b) to give up
    (c) gives up
    (d) give up

16 There _____ a big tree overlooking this lake.

    (a) has been used
    (b) has used to be
    (c) been used
    (d) used to be

17 The walls of the building are thick and strong to keep out _____ in this northern climate.

    (a) colds
    (b) a cold
    (c) the cold
    (d) a coldness

18 Those reports need _____ before this fall semester starts.

    (a) complete
    (b) completing
    (c) to complete
    (d) completed

19 The high snow drifts from the blizzard left the city _____ in snow.

    (a) cover
    (b) covering
    (c) to cover
    (d) covered

20 _____ for three years, George became a skillful pilot.

    (a) Trained
    (b) Training
    (c) Being trained
    (d) Having been trained

UNIT 10 대명사

대명사가 나오면 대명사가 받고 있는 명사의 수와 격이 일치하는지 확인해야 한다. 동사구(동사+부사)가 대명사를 목적어로 취하는 경우, 대명사의 위치와 각 부정대명사의 용법도 잘 익혀두자.

유형 1 인칭대명사

출제 포인트

인칭대명사의 격

인칭대명사는 격이 중요하나 매우 기본적인 사항이라 오히려 Part 3, 4에 관련 문제가 출제될 경우 놓치기 쉽다.

기본 다지기

1. 인칭대명사의 격

(1) 주격

She was distraught by the death of her uncle.
그녀는 삼촌의 죽음에 몹시 슬퍼했다.

(2) 소유격

Donna ignored **her** weaknesses and cultivated **her** strengths.
도나는 자신의 약점을 무시하고 장점을 계발했다.

(3) 목적격

Between **you** and **me**, she's going to hand in her resignation this week.
우리끼리 비밀인데, 그녀가 이번 주에 사표를 제출할 거래.

2. 소유대명사 (= 소유격+명사)

명사의 중복을 피하기 위해 소유대명사를 사용한다.

Her children are the same ages as **mine**(= my children), and they get along great.
우리 집 애들이 그녀의 애들과 동갑이라 아주 친하게 지냅니다.

📞 특히, 소유대명사는 〈한정사+명사+소유대명사〉 형식을 만들기도 하는데, 이런 형식을 '이중소유격'이라고 부른다.

A friend of mine from Cleveland used to go out with a girl who looked like you.
클리블랜드 출신의 제 친구가 당신을 꼭 닮은 여자와 데이트한 적이 있어요.

3. 재귀대명사(-self)

(1) 주어와 목적어가 동일할 때 목적어 자리에 재귀대명사 사용

He found **himself** caught in the trap that had been laid by his political enemies.
그는 정적이 쳐놓은 그물에 걸렸음을 알아차렸다.

(2) 강조 용법: 보통 주어 뒤에 아니면 문장 맨 뒤에 위치하여 의미를 강조한다.

The President should resolve the problem he **himself** raised.
대통령은 자신이 야기한 문제를 해결해야 한다.

📞 himself는 없어도 되지만 의미를 강조하기 위해 사용되었다.

재귀대명사를 이용한 관용표현

for oneself 스스로의 힘으로	of itself 저절로
in itself 본래	to oneself 혼자, 자기만 독차지하여
in spite of oneself 무의식 중에	come to oneself 의식을 회복하다
between ourselves 은밀히	beside oneself 제정신을 잃은

 유형 **2** it의 용법

출제 포인트

it과 one의 구분
대명사 it은 구체적으로 정해져 있는 대상을 가리킬 때 사용하고, one은 전체 대상들 중에서 하나의 막연한 대상을 가리킬 때 사용한다.

기출 변형 A: My digital camera doesn't work well these days.

B: Why don't you get a new _____?

(a) it
(b) one
(c) them
(d) ones

📞 특정한 카메라가 아닌 일반적인 카메라를 의미하며 단수명사가 와야 하므로 정답은 (b)이다.
A: 요즘 카메라가 작동이 잘 안돼.
B: 새 걸로 하나 사지 그래?

1. 비인칭 주어와 목적어로 쓰이는 it: 거리, 시간, 날씨, 가격

It is 30 miles in a straight line from Seoul.
서울에서 일직선으로 30마일이다.

How long does **it** take to get to the hotel from the airport?
공항에서 호텔까지 얼마나 걸리나요?

2. 가주어와 가목적어로 쓰이는 it

It is not clear whether their earnings announcement would succeed in lending impetus to the market rally.
그들의 실적 발표가 향후 경기 회복의 동력이 될지 불투명하다.

I think **it** necessary that you do it at once.
당신이 그것을 즉각 할 필요가 있다고 생각합니다.

유형 3 지시대명사 this, that, these, those

출제 포인트

지시대명사

this, these는 가까이 있는 대상을 가리키고, that, those는 앞에 언급된 명사를 다시 언급할 때 같은 단어의 반복을 피하기 위해 사용하기도 한다.

기본 다지기

1. that, those

앞에 언급된 명사가 단수일 때는 that, 복수일 때는 those를 사용

Try to correlate your knowledge of history with **that** of geography. (that = knowledge)
너의 역사 지식을 지리 지식과 관련시키도록 노력해라.

The apartments of New York are more expensive than **those** of Chicago. (those = apartment)
뉴욕의 아파트는 시카고의 아파트보다 더 비싸다.

2. those who: ~하는 사람들

Those who get pneumonia take a long time to recover.
폐렴에 걸린 사람들은 회복하는 데 시간이 오래 걸린다.

Those (who are) interested in making a short-term profit are crowding into the real-estate market.
단기 이익을 노리는 사람들이 부동산 시장으로 몰려들고 있다.

3. this, that의 부사적 의미

(1) this: 이렇게

I've never been **this** happy in my life.
평생 이렇게 행복했던 적이 없었다.

(2) that: 그렇게

I can't go **that** far with a 6-month-old baby.
6개월 된 아이와 함께 그렇게 멀리 갈 수 없다.

 유형 4 부정대명사

출제 포인트
지시 부정대명사에서는 most, most of, almost의 의미와 쓰임을 묻는 문제가 자주 출제된다.
one, another, the other(s)의 쓰임과 〈each[every]+단수명사〉 동사 수일치, 〈all of the+명사〉 형태도 기억하자.

기본 다지기

1. some, any, most (of)

(1) some: 긍정문으로 사용되며 '약간, 조금'이라는 뜻이다.

Every student seems to have **some** problems.
모든 학생들에게 문제가 약간 있는 것 같다.

✎ 권유할 때나 긍정적인 답변을 예상하고 물어보는 경우는 의문문에서도 some을 쓸 수 있다.

Would you like **some** cheese cake?
치즈 케이크 좀 드실래요?

(2) any: 부정문, 조건문, 의문문에 쓰인다.

If **any** of them are opposed to the plan, we'll have to think about it again.
만약 그들 중 누구든지 그 계획에 반대하는 사람이 있다면 다시 생각해 봐야 한다.

They didn't pay **any** attention to the teacher's attempts to restrain them.
그들은 선생님이 제지하려고 해도 전혀 말을 듣지 않았다.

(3) most/ most of: most는 명사로 사용될 수 있고 형용사가 되어 명사를 수식할 수도 있다. most of 형식에서 of 뒤에 정관사 the나 소유격과 같은 한정사가 온다. almost는 부사로서 단독 주어로 사용되지 않으며 형용사나 부사를 수식한다.

Mr. Lee spent **most of** his academic career in the field of engineering since starting his professorship in 1980.
이 씨는 1980년에 교수 생활을 시작한 후 대부분의 학자로서의 경력을 공학 분야에서 보냈다.

2. one, the other, the others, others, another

(1) one: 셀 수 있는 명사의 반복을 피하기 위해 사용된다.

This laptop is not good; I must buy a better **one**.
이 노트북 컴퓨터는 별로야. 더 나은 것을 사야겠어.

(2) other

I have two cars; one is yellow and **the other** is red.
나는 두 대의 차가 있다. 한 대는 노란색이고 다른 것은 빨간색이다.

↳ the other는 범위가 정해진 가운데 나머지 하나를 가리킨다. the other는 단수명사나 복수명사를 수식할 수 있다.

예 I can hear people yelling from **the other** side of the building.
건물 반대편에서 사람들이 고함치는 소리가 다 들린다.

(3) the others: 정해진 범위 내의 나머지 대상 전부를 가리킨다.

Because those infected were not segregated from **the others**, the contagious period lasted about two to three months.
감염자가 비감염자들과 격리되지 않았기 때문에 전염 기간은 두 달에서 세 달 정도 지속되었다.

(4) others: 불특정한 대상 전부를 가리킨다. other나 the other 다음에는 복수명사가 사용된다.

Young people are losing the ability to relate to **others**, except through the Internet and SNS.
젊은 사람들은 인터넷과 소셜 네트워크를 통한 것을 제외하고는 타인과 관계를 맺는 능력을 잃어가고 있다.

(5) another: 막연히 또 다른 한 대상을 가리킨다.

We exhausted one topic of discussion in a forum and started **another**.
우리는 한 토론회에서 한 주제에 대해 완전하게 남김없이 토론한 후 다른 주제를 토론하기 시작했다.

↳ another 다음에는 단수명사가 오지만 수사와 더불어 복수명사가 오기도 한다.

예 **Another** two weeks have passed.
두 주가 더 지나갔다.

each other 둘 사이에	one another (셋 이상) 서로서로
one after another 차례로, 연달아	one after the other 교대로, 번갈아 가며

✿ 암기만이 살 길!

one of the+복수명사 '~중의 하나'　　**예** one of the professional animators

another+단수명사 '또 다른 하나'　　**예** another class to go

other+복수명사 '다른 ~들'　　**예** other issues to deal with

3. all, each, every, either, neither, both, no, none

(1) all: 주어나 형용사로 사용될 수 있다.

〈all (of) the+명사〉 형식을 기억하자. 〈all of the+복수명사〉에서 of만 생략되어 all이 the와 만나게 된다.

Nearly **all of the employees** agreed that promotion was very difficult in the company.
거의 모든 직원들은 그 회사에서 승진하기가 매우 어렵다는 사실에 동의했다.

(2) each, every: 단수명사와 함께 쓴다. each는 단독으로 단수 주어가 될 수 있지만 every는 불가능하다. each는 대명사이고, every는 형용사이기 때문이다.

Each of the students has a computer.
= **Each student** has a computer.
각 학생은 컴퓨터를 가지고 있다.

Every one of the students has a computer.
= **Every student** has a computer.
모든 학생들이 컴퓨터를 가지고 있다.

✎ every는 형용사이므로 단독 주어가 될 수 없기 때문에 Every of the students로 쓸 수 없다.

(3) either, neither: 가리키는 대상이 두 개일 때 사용하며 주어로 올 때 단수 취급한다.

Either will give color to food.
둘 다 음식에 색감을 줄 것이다.

Neither was qualified to become a member of the organization.
두 사람 중 누구도 그 협회의 회원이 될 자격이 없었다.

(4) both: 전체가 두 개일 때 사용하며 뒤에 명사가 올 경우 복수 명사가 온다.

Both (of) their proposals will likely be accepted during UNESCO's general meeting this June.
두 제안 모두 6월에 열리는 유네스코 총회에서 수락될 것 같다.

(5) none: none은 부정대명사이며 no는 부정형용사로 명사 앞에 사용한다.

None are completely happy.
아무도 완벽하게 행복한 사람은 없다.

There's **no one** left in the office at 10.
10시에 사무실에 남아 있는 사람은 아무도 없다.

✿ 암기만이 살 길!

대명사의 수 일치

the rest, half, most, 분수, 퍼센트+of+명사: of 뒤에 오는 명사가 수를 결정한다.
Two thirds of the semester has passed. 학기의 2/3가 지나갔다.
Two thirds of the students submitted the final paper in time. 2/3의 학생이 제 시간에 기말 리포트를 제출했다.

시간, 거리, 가격, 무게는 단수 취급

Five days is a long time for a kid to be away from his parents. 5일은 부모와 떨어져 있기에는 어린 아이에게 긴 시간이다.
Sixty kilometers is a long distance to commute. 60km는 통근하기에 먼 거리이다.

다음 밑줄 친 곳에 들어갈 말을 고르시오. (1~5)

1 Modern universities developed from (that, those) of the Middle Ages in Europe.

2 I enjoy reading other people's blogs, so in turn I guess people enjoy reading (my, mine) as well.

3 (Either, Every) of us agree that modern products have improved the quality of our lives.

4 The children learn that caring and loving for (another, others) also makes them happy and satisfied.

5 Due to the record snowfall, we have decided to close (any, some) popular mountain trails to hikers.

다음 문장에서 틀린 곳을 찾아서 고치시오. (6~10)

6 The waiter seems to have forgotten to bring us any wet towels.

7 The digestive system of the goat is different from those of the sheep or the cow.

8 The cloudy weather will continue and clouds will cover most of country during the weekend.

9 The government should strongly enforce the law and issue cards only to they who are qualified.

10 There are several positions but neither of them satisfies him.

Check - Up 정답 및 해설

정답

1 those
2 mine
3 Either
4 others
5 some
6 any → some
7 those → that
8 most of → most of the
9 they → those
10 neither → none

번역 및 해설

1 번역 오늘날의 종합 대학들은 중세 유럽의 대학에서 발전했다.
해설 universities가 복수명사이므로 이를 가리키는 것은 those가 되어야 한다.

2 번역 내가 다른 사람들의 블로그를 재미있게 읽는 것처럼 사람들도 내 블로그를 재미있게 읽는 것 같다.
해설 my blog를 나타내는 말은 소유대명사 mine이다.

3 번역 우리 둘 다 현대의 소산물 덕분에 생활이 윤택해졌다는 데 동의한다.
해설 every는 단독 주어가 될 수 없다.

4 번역 아이들은 타인을 보살피고 사랑하는 것이 자신들 또한 행복하고 만족하게 해 준다는 것을 배운다.
해설 해석상 '다른 사람들'의 의미가 되어야 하므로 불특정 대다수를 칭하는 others가 적당하다.

5 번역 기록적인 폭설로 일부 유명 등산로를 폐쇄하기로 했다.
해설 긍정문에서는 some을 쓴다.

6 번역 종업원이 우리에게 물수건을 갖다 주는 것을 잊은 것 같다.
해설 긍정문에서는 some을 쓴다.

7 번역 염소의 소화 기관은 양이나 소의 소화 기관과는 다르다.
해설 단수명사 digestive system을 가리키고 있으므로 those가 아닌 that을 쓴다.

8 번역 흐린 날씨는 계속되겠고 주말 내내 대부분의 도시에 구름이 끼겠습니다.
해설 most of 다음에는 정관사나 소유격 등의 한정사를 쓴다.

9 번역 정부는 강력한 법을 시행하여 자격이 있는 사람에게만 신용 카드를 발급하도록 해야 한다.
해설 전치사 to의 목적격이므로 they는 옳지 않으며, '~하는 사람들'이라는 뜻으로 those가 되어야 한다.

10 번역 취직 자리는 몇 군데 있으나 어떤 것도 그를 만족시키지 않는다.
해설 several은 여러 개의 일자리를 의미하기 때문에 둘을 가리키는 neither가 아닌 none을 쓴다.

UNIT 11

형용사와 부사, 비교구문

형용사와 부사는 각각 다른 품사를 수식하므로 수식하는 대상과 위치를 이해해야 하고, 형용사의 어순도 반드시 숙지해야 한다. Part 3, 4에서는 형용사 자리에 부사가 들어가지 않았는지, 반대로 부사 자리에 형용사가 쓰이지 않았는지 확인한다.

유형 1 형용사

출제 포인트

형용사의 용법과 수식

형용사는 명사 앞에서 명사를 수식하거나 문장에서 보어의 기능을 한다. 보통 명사 앞에서 수식하는데 -body나 -thing으로 끝나는 명사는 뒤에서 수식한다. 명사 앞에 형용사가 여러 개 올 수 있으므로 형용사의 어순을 기억하자.

기출 변형 A: Do you have _____ to this sweater but with more wool?

B: I'll scan that for you.

(a) a similar
(b) similar
(c) anything similar
(d) similar anything

anything은 형용사가 뒤에서 수식하므로 정답은 (c)이다.

A: 이거랑 비슷한데 울이 더 함유된 스웨터 있나요?
B: 찾아볼게요.

기본 다지기

1. 기본 용법

(1) 명사 수식

She always has a **creative** idea. 그녀는 늘 창의적인 아이디어를 가지고 있다.

(2) 주격보어

Her idea is **creative**. 그녀의 아이디어는 창의적이다.

(3) 목적격보어

I find her idea is **creative**. 나는 그녀의 아이디어가 창의적이라고 생각한다.

2. 전치 수식: such, many, rather, what+형용사+관사+명사

일반적으로 형용사는 앞에서 명사를 수식하는 전치 수식을 한다. 특히 부정대명사의 어순을 기억하자.

It was **too difficult a question** for me to answer.
내가 대답하기에 너무 어려운 질문이었다.

It would be anomalous if **such a powerful nation** does not seek to defend itself from outside aggression on its own.
만약에 그런 강대국이 외부 침략으로 스스로 자국을 보호할 방안을 모색하지 않는다면 이례적일 것이다.

3. 후치 수식: 형용사+전치사구/ 형용사+주격관사에서 be동사가 생략된 경우

(1) -body, -thing, -one으로 끝나는 명사+형용사

He witnessed **something awful**, so he must be in shock now.
그는 뭔가 끔찍한 걸 목격했고, 그래서 지금 충격에 빠졌을 것이다.

(2) 선행사+(주격 관계대명사+be)+형용사

When he didn't answer the call several times, **a situation (which is) similar** to that of last year occurred.
그가 전화를 몇 차례 받지 않았을 때 지난 해와 유사한 상황이 발생했다.

4. be동사+형용사+전치사구

be동사 뒤에 형용사가 쓰일 경우에 형용사만으로 완전한 의미가 전달되지 못하여 뒤에 추가적으로 전치사구나 to부정사 또는 that절이 오는 경우가 있다.

I **am not very good at** this sort of work.
나는 이런 일은 잘 못한다.

Sunbucks is very **conscious of** its customers' health concerns.
선벅스는 고객들이 건강에 관심을 가진다는 것을 잘 알고 있다.

☆ 암기만이 살 길!

be동사+형용사+전치사구

be+good[bad/ proficient/ clever/ terrible/ mad/ surprised]+at

be+afraid[ashamed/ considerate/ convinced/ plenty/ full/ careful/ thoughtful/ mindful/ short/ empty/ void/ free/ carefulness/ regardless/ reckless/ worthy/ sure]+of

be+similar[equal/ accustomed/ addicted/ indifferent/ blind/ sensitive/ liable/ opposite]+to

be+pleased[satisfied/ content/ familiar]+with

 유형 2 형용사의 어순

기출 변형 This morning, I found _____ pimples, even though I wash my face every day.

(a) tiny pink seven
(b) tiny seven pink
(c) seven tiny pink
(d) seven pink tiny

📞 〈숫자+크기+색〉 순으로 온 (c)가 정답이다.

매일 세수하는데도 오늘 아침 작은 분홍색 여드름 7개를 발견했다.

기본 다지기

1. 전치 한정사+한정사+서수[기수]+대소+성질+신구노소+색채+재료+소속+명사

   Five tall beautiful Chinese girls came to visit us today.
   키가 크고 아름다운 다섯 명의 중국 소녀들이 오늘 우리를 방문하러 왔다.

2. so, as, too, how(ever)+형용사+a[an]+명사

   She is **so loved a student** that most of the teachers call on her in class.
   그녀는 너무나도 사랑 받는 학생이라 대부분의 선생님들이 수업 시간에 그녀를 호명한다.

3. such, rather, what, quite+a[an]+형용사+명사

   She is **such a beloved student** that most of the teachers call on her in class.

출제 포인트

부사의 용법과 위치
부사는 형용사, 동사, 부사, 문장 전체를 수식하는 역할을 한다. 위치와 형태가 중요하니 개념 정리와 문제 풀이를 통해 자연스럽게 익히는 것이 바람직하다.

📋 기출 변형 **My parents got mad at me when they found out my rent _____.**

(a) already is overdue two months
(b) is already overdue two months
(c) already two months overdue is
(d) is already two months overdue

📞 숫자와 명사 뒤에 수식형용사가 위치하고, 부사 already는 be동사 뒤에 위치해야 하므로 정답은 (d)이다.

부모님은 내가 벌써 두 달이나 방세가 밀린 것을 알고 화가 나셨다.

기본 다지기

1. 부사의 역할

Unfortunately, it is true that children's toys are **far too** expensive.
유감스럽게도, 어린이 장난감이 너무 비싼 건 사실이다.

2. 빈도부사의 위치

빈도부사는 일반적으로 be동사나 조동사 뒤에 오거나 일반동사 앞에 위치한다.

> 빈도부사의 종류
> always, sometimes, often, hardly, rarely, seldom, scarcely, never, frequently

Dividend payments **usually** occur between March and April.
배당금 지급은 주로 3월에서 4월 사이에 실시된다.

⚙ 암기만이 살 길!

주의해야 할 부사

보통 부사는 〈형용사+ly〉 형태이지만, -ly가 붙은 것도 있고, 그렇지 않은 것도 있다. -ly가 붙었을 때와 그렇지 않았을 때 의미가 달라지는 것을 알 수 있다. 따라서 무조건 -ly가 붙은 것만 부사로 보기보다는 문장의 해석에서 어떤 형태의 부사가 필요한지 살펴보아야 한다. 특히, 형용사와 부사로 모두 사용할 수 있는 어휘에 유의한다.

late (형용사) 늦은. (부사) 늦게

hard (형용사) 힘든. 단단한. (부사) 열심히

near (형용사) 가까운. 가까이. (부사) 근처에

most (형용사) 대부분의. (부사) 가장 많이

high (형용사) 높은. (부사) 높게

fast (형용사) 빠른. (부사) 빨리

early (형용사) 이른. (부사) 일찍

lately (부사) 최근에

hardly (부사) 거의 ~않게

nearly (부사) 거의

highly (부사) 매우

mostly (부사) 대체로/ 주로

almost (부사) 거의

 비교급

출제 포인트

원급 및 비교급을 이용한 비교 표현
원급 비교와 비교급을 사용한 비교 등 다양한 용법을 익혀 두고 형용사와 부사의 비교급을 구분하여 학습하자.

기출 변형 A: I'm so depressed to find out my co-worker makes _____ me.

B: Cheer up! You'll get a raise soon.

(a) twice as much income
(b) twice as much income as
(c) as much income as twice
(d) income as twice much as

↳ 배수 표현 twice를 이용한 비교급 표현의 어순은 〈배수표현+as+원급+as〉이므로 (b)가 정답이다.
　A: 동료가 나보다 2배 받는 걸 알고 너무 우울해.
　B: 힘내! 너도 월급이 곧 오를 거야.

기본 다지기

1. 원급을 이용한 비교

(1) as+형용사/ 부사 원급+as: ~만큼

With the depression, the typical American family gets **as thrifty as** they were before.
불황으로 전형적인 미국 가정은 예전만큼 검소해졌다.

(2) as+원급+as possible (= as+원급+as one can): 가능한 ~하게

We would be grateful for your cooperation in clearing the parking lot **as quickly as possible (= as quickly as you can).**
가능한 한 빨리 주차장을 비울 수 있도록 협조해 주시면 고맙겠습니다.

3. 배수비교

배수표현+as+원급+as: 몇 배 더 ~하다

Some DVDs can hold **more than 12 times as much information as a CD**.
어떤 DVD는 CD보다 12배나 많은 정보를 저장할 수 있다.

↳ 원급 외에도 비교급을 사용하여 〈배수표현+비교급+than〉 형식을 사용해도 된다.

This neutron star was once a larger, bright star about **10 to 20 times more massive than** our sun.
이 중성자 별은 한때 현재의 태양보다 용적이 10배 내지 20배에 달했던 아주 크고 밝은 별이었다.

4. 비교급을 이용한 비교

(1) 형용사[부사]+ -er+than/ more+형용사[부사]+than

The US economy has expanded **faster than** most other industrialized countries.

미국 경제는 대다수의 다른 선진 공업국들보다 빠른 속도로 성장했다.

Many men wear suspenders because they are more comfortable than belts.
많은 남자들이 허리띠보다 편하기 때문에 멜빵을 선호한다.

(2) 불규칙 형태의 비교급

There's nothing worse than driving in downtown Seoul during rush hour.
러시아워에 서울 도심을 운전하는 것보다 끔찍한 일은 없다.

more는 수나 양에 모두 사용할 수 있지만, **lesser**는 가치와 중요성이 덜 하다는 뜻으로 명사 앞에서 주로 수식을 한다. **⑩ lesser nation** 약소국

불규칙 변화(원급-비교급-최상급)	
good[well] - better - best	bad[ill, badly] - worse - worst
old - elder - eldest (손위)	old - older - oldest (노약함, 오래됨)
late - latter - last (순서상 전후)	late - later - latest (시간의 전후, 최신)
far - farther - farthest (거리)	far - further - furthest (거리, 정도)
many[much] - more - most	

(3) not so much A as B = B rather than A: A라기 보다는 차라리 B에 가깝다

Mr. Agron is not so much an actor as a script writer.
애그런 씨는 배우라기보다는 각본가에 가깝다.

(4) the+비교급+of the two: 둘 중에 더 ~한

His brother is the smarter of the two.
그의 형이 둘 중에 더 똑똑하다.

(5) the+비교급+주어+동사, the+비교급+주어+동사: ~하면 할수록 더 …하다

The higher we go up the mountain, the colder the air becomes.
산에 높이 올라가면 갈수록 공기는 더 차가워진다.

(6) 해석에 주의할 비교구문

Emergency masks displayed on the trains may be no more than decorations with little use.
열차에 비치한 비상 마스크는 쓰일 데가 거의 없어 장식용에 지나지 않는다.

It did not cost less than $100.
적어도 100달러는 들었다.

no more than = only/ at most 기껏해야
no less than = as much as ~만큼이나
at least 최소한
more or less 거의
nothing less than 그야말로

 최상급

출제 포인트

최상급 표현과 the가 없는 최상급

형용사와 부사의 최상급 표현은 물론 the 없이 쓰이는 최상급에 대해 숙지해 두자.

기본 다지기

1. the+형용사+ -est

The Cistra-12 K weighed nearly six tons and was among **the largest** communications satellites ever.

시스트라-12 K는 무게가 거의 6톤이나 나갔으며, 지금까지의 통신 위성 중 가장 큰 위성이었다.

2. the most+형용사

(that) ever lived, of all (~중에서)과 같이 최상급을 만드는 문맥을 잘 살펴보자. 특히, 부사의 최상급에는 종종 the 를 쓰지 않는다.

Of all the translations of that book, this one is **the most faithful** to the original.

그 책의 번역본 중에서 이 번역본이 가장 원문에 충실하다.

3. 비교급을 이용한 최상급 표현

Susan is **more beautiful than any other girl** in her class.
  [비교급+than+any other+단수명사]

= Susan is **more beautiful than anyone else** in her class.
  [비교급+than+anyone else]

= Susan is **more beautiful than (all) the other girls** in her class.
  [비교급+than+(all) the other+복수명사]

= Susan is **more beautiful than any of the girls** in her class.
  [비교급+than+any of the+복수명사]
수잔은 그녀의 반에서 어떤 소녀보다 더 아름답다.

4. 최상급에 the를 붙이지 않는 경우

(1) most가 특별히 여럿 중에서 최고라는 개념이 아니라 very와 같이 '매우'라는 의미로 쓸 경우

In these civilized days, the telephone is **most** necessary apparatus.
문명화한 오늘날 전화기는 매우 필수적인 기기다.

(2) 형용사가 명사를 수식하지 않으면서 보어 자리에서 최상급으로 쓰인 경우

I'm **happiest** when I'm home alone reading books.
집에서 혼자 독서할 때가 가장 즐겁다.

(3) 최상급 앞에 소유격이 있는 경우

Listening to music is one of his **greatest** satisfactions.
음악 감상은 그의 가장 큰 기쁨 중 하나이다.

비교급과 최상급의 강조

출제 포인트

비교급과 최상급을 강조하는 부사

비교급과 최상급을 강조해주는 부사를 묻는 문제가 출제된다. 특히 still은 비교급 앞이나 뒤에 올 수 있다는 것을 기억하자. much more … than 형식에서 강조 표현인 much만 남겨두고 more를 빼놓는 문제도 종종 출제된다.

기본 다지기

They used the number zero **much earlier** than other tribes around.
그들은 주변 부족보다 훨씬 더 일찍 숫자 0을 사용했다.

There is no evidence that **harsher** punishments prevent crimes **better than** more lenient ones.
심한 처벌이 가벼운 처벌보다 범죄를 방지한다는 증거는 없다.

비교급 강조
much, even, still, far, a lot, by far, any
최상급 강조
by far, quite, much

⊛ 암기만이 살 길!

최상급을 이용한 관용표현

at best 기껏해야
make the best use of ~을 최대한 이용하다
for the most part 대체로, 대부분
at the latest 늦어도
at the earliest 일러도

비교급과 최상급에 쓸 수 없는 형용사

perfect, favorite, preferable, complete, entire, extreme, main, unique 등과 같이 이미 비교급 또는 최상급의 의미를 포함하고 있는 형용사는 비교급이나 최상급에 쓸 수 없다.

다음 밑줄 친 곳에 들어갈 말을 고르시오. (1~5)

1 We (hard, hardly) ever go on a weekend trip anymore. Why don't we go somewhere this weekend?

2 He pointed out that caffeine is (more, the most) commonly used stimulant in the world.

3 People always compete with others to get (something valuable, valuable something).

4 Novice drivers have (twice as many accidents, as twice many accidents) as experienced ones.

5 It would be great if you could send me the order by express as (quick, quickly) as possible.

다음 문장에서 틀린 곳을 찾아서 고치시오. (6~10)

6 Full-time employees are much likely to have work benefits than part-time employees.

7 A government panel has proposed the country to accept up twice times as many foreign workers as it has now.

8 Did you realize your athletic shoe would be the greatest a hit when you released it?

9 The food at this franchise isn't as better as the original restaurant's.

10 Presidents of France always have built something monumental to retain their names in history.

정답

1 hardly
2 the most
3 something valuable
4 twice as many accidents
5 quickly
6 much → much more
7 twice time → twice
8 a hit → hit
9 better → good
10 always have → have always

번역 및 해설

1 번역 우리 주말 여행을 거의 다니지 않았네. 이번 주말에 어딘가 가는 게 어때?
해설 '좀처럼 ~하지 않는다'는 의미의 부사는 hardly다.

2 번역 그는 카페인이 가장 흔히 사용되는 각성제라는 점을 강조했습니다.
해설 '세상에서 가장 ~하다'는 의미는 최상급으로 표현한다.

3 번역 사람들은 귀중한 것을 얻기 위해 언제나 다른 사람들과 경쟁한다.
해설 something은 형용사가 뒤에서 수식을 한다.

4 번역 초보 운전자가 경험 있는 운전자보다 사고를 두 배 더 낸다.
해설 원급을 이용한 배수 비교는 〈배수표현+as+형용사+명사+as〉 형식을 쓴다.

5 번역 주문한 물건을 속달로 가능한 한 빨리 보내주시면 감사하겠습니다.
해설 as … as 사이에는 동사 send를 수식하는 부사의 원급이 와야 한다.

6 번역 정규 직원은 파트타임 직원에 비해 혜택을 받는 경우가 훨씬 더 많은 것 같다.
해설 비교급 문장에서 more가 빠져 있다.

7 번역 현재보다 외국인 근로자를 두 배 더 받아들여야 한다고 정부의 한 위원단이 제안했다.
해설 twice 다음에는 times를 쓰지 않는다.

8 번역 당신이 만든 운동화가 출시되면 크게 인기를 끌 거라는 걸 알았나요?
해설 배수비교는 〈the+최상급+명사〉 어순이다.

9 번역 이 분점의 음식 맛은 본점만 못하다.
해설 〈as+원급+as〉 용법이다.

10 번역 프랑스 대통령들은 자신의 이름을 역사에 기리기 위해 항상 기념비적인 것을 건설했다.
해설 빈도부사 always는 완료형 조동사 have 뒤에 위치한다.

접속사와 전치사

접속사와 전치사의 의미와 구조를 묻는 문제가 주로 출제된다. 접속사는 단어, 구, 절을 이끌고, 전치사는 명사나 명사구를 이끈다. 상관접속사는 병치 문제가 자주 출제되니 A와 B의 형태가 동일한지 주의 깊게 살펴봐야 한다.

유형 1 등위접속사 and, but, or, so, yet, for

출제 포인트

주어+동사+등위접속사+주어+동사
등위접속사는 〈단어+단어〉, 〈구+구〉, 〈절+절〉과 같이 문법적으로 대등한 것을 연결해 병렬 구조를 만든다.

기본 다지기

When we kiss, our heartbeat increases dramatically **and** our breathing becomes deep and irregular.
키스를 하면 심장 박동수가 극적으로 증가하고 호흡도 깊고 불규칙한 상태가 된다.

The kitchen cupboards are all being replaced **but** the electrical appliances will be staying.
부엌 찬장은 모두 새것으로 교체 중이지만 전기 기구는 그대로 둘 것이다.

Would you like economy **or** business class?
보통석으로 하시겠습니까 일등석으로 하시겠습니까?

Crew members could not work under an embargo, **so** they started finding other jobs.
출입항이 금지된 선원들은 꼼짝할 수 없어서 다른 일을 찾기 시작했다.

His speech was almost unintelligible and boring, **yet** for some reason I enjoyed it
그의 이야기는 이해할 수 없고 지루했지만 어떤 이유에선지 재미있었다.

She is a good athlete, **for** she won prizes in many international games and broke a world record.
그녀는 훌륭한 운동선수다. 왜냐하면 여러 국제 경기에서 상을 타고 세계 기록을 깼기 때문이다.

 유형 **2** 상관접속사

출제 포인트

병치: A와 B의 형태 일치와 동시 일치
상관접속사에서 A와 B가 같은 형태(원형, -ing, p.p.등)로 나열되어 있는지 살펴봐야 한다. 또한, 주어로 올 경우 동사를 A 혹은 B 어디에 수일치를 시키는지 주목하자.

⏰기출 변형 **It is recommended to till the land with _____.**

(a) either organic fertilizer or chemical mixture
(b) either organic fertilizer nor chemical mixture
(c) either organic fertilizer and chemical mixing
(d) organic fertilizer either or chemical mixing

> 📞 either A or B 형태이고, fertilizer와 mixture는 명사로 서로 대구를 이루고 있으므로 정답은 (a)이다.
> 땅을 유기농 비료나 화학 비료로 갈 것을 추천한다.

기본 다지기

1. **both A and B: A와 B 둘 다 (동사는 항상 복수형)**

   Both physics and chemistry experiments are carried out in the laboratories in this wing of the building.
   물리학과 화학 실험 모두 건물 이쪽 편의 실험실에서 이뤄지고 있다.

2. **either A or B: A 또는 B (동사는 B가 결정)**

   Either you or he needs to reconnect the Internet service.
   당신이든 그든 인터넷 서비스를 다시 연결해야 한다.

3. **neither A nor B: A도 아니고 B도 아니다 (동사는 B가 결정)**

   Neither the controller nor the supervisor has been identified as the investigation continues.
   관제사나 관리자의 신원은 공개되지 않았으며 현재 조사 중에 있다.

4. **not only A but (also) B: A뿐만 아니라 B도 (동사는 B가 결정)**

   It is interesting that **not only people but also common items** like furniture has a past.
   사람뿐만 아니라 가구와 같은 보통 물건도 과거가 있다는 것은 흥미로운 일이다.

   > 📞 not only A but (also) B는 'A뿐만 아니라 B도 ~하다'의 의미를 가진다. not only가 동사를 수식할 때 문장 앞에 와서 도치를 일으키는 경우도 시험에 자주 출제된다.

   > 예 **Not only did the suppliers** send the wrong components, **but** they **also** sent them to the wrong department.
   > 부품 제조업체에서 다른 부품을 보내왔을 뿐만 아니라, 엉뚱한 부서로 보냈다.

5. **no sooner … than/ hardly … when: ~하자마자**

   No sooner had he found the truth **than** he disappeared.
   = **Hardly had he found** the truth **when** he disappeared.
   그는 진실을 알자마자 사라졌다.

 **유형 3** 종속접속사 1: 명사절을 이끄는 접속사

출제 포인트

that, whether, what, if

명사절을 이끄는 접속사는 〈접속사+주어+동사〉 형태로 주어, 목적어, 보어 역할을 한다. 절이 주어일 경우 단수 취급한다.

📋 **기출 변형** The team manager wanted to see _____ a newly-hired designer was qualified to handle an individual project.
(a) for
(b) and
(c) if
(d) from

📞 절과 절을 연결할 접속사가 필요하며 see가 타동사로 뒤에 목적어인 명사가 와야 하는데 명사절을 이끌 수 있는 접속사는 if이다. 따라서 정답은 (c)이다.

팀장은 새로 고용된 디자이너가 개별 프로젝트를 맡아도 될 실력이 있는지 확인하고자 했다.

기본 다지기

1. that

명사절이 주어 자리나 목적어 자리에 오는 경우에 문장의 뒤로 가면서 가주어 또는 가목적어 it을 사용하는 경우가 많다. 또한, that은 believe, think, say, know, suppose, hope 등의 동사 뒤에서 주로 생략된다. 주로 회화체에서 that을 생략한다.

I heard from a reliable source **that** the annual reward will be cancelled this year.
믿을 만한 소식통으로부터 올해는 상여금이 없다는 소식을 들었다.

It is said **that** if an expectant mother drinks and smokes, it has harmful effects on the fetus.
임산부가 술을 마시고 흡연하면 태아에 해로운 영향을 끼친다고 한다.

2. whether/ if: ~인지 아닌지

whether와 if는 불확실한 사실을 나타내므로 I don't know/ I'm not sure/ I wonder/ It is not clear 등과 같은 표현과 함께 사용한다.

The general manager was **unsure** about **whether** robust exports and slowly improving domestic consumption are sustainable.
부장은 수출 호조와 내수의 완만한 회복세가 지속될지 대해서 확신하지 못했다.

I **wonder if** you could make a list that shows the sales situation at a glance.
매출 상황을 한눈에 알 수 있는 리스트를 만들어 줄 수 있을까요?

📞 if는 주어, 보어, 전치사의 목적어 자리에 오는 명사절에 쓰일 수 없고, 동사의 목적절에만 쓰인다. 또한 〈whether+to+동사원형〉은 가능하나, 〈if+to+동사원형〉은 사용할 수 없다.

I didn't know **whether to** laugh or cry when she left me.
그녀가 나를 떠났을 때 울어야 할지 웃어야 할지 몰랐다.

if보다 whether를 선호하는 경우
1. whether로 문장이 시작할 때(주어절)
3. whether 뒤에 or not이 붙을 때
2. whether+to부정사
4. 전치사+whether

3. **의문사: 의문사+주어+동사**

Who set fire to the hill hasn't been identified.
누가 언덕에 불을 질렀는지 확인되지 않았다.

Do you know **where I can get** a passport photo taken around here?
이 근처에서 여권 사진 찍을 수 있는 데를 아세요?

명사절 접속사 what과 that을 구분하는 문제가 자주 출제된다. 명사절 접속사 that 뒤에는 완전한 절이 오지만 what 뒤에는 주어나 목적어가 빠진 불완전한 절이 온다.

I can't decide **what I should wear** to the party.
파티에 어떤 옷을 입고 갈지 결정하지 못했다.

종속 접속사 2: 부사절을 이끄는 접속사

출제 포인트

시간, 조건, 이유, 양보, 목적, 결과
부사절은 의미상 혼자 쓰일 수 없고 독립된 하나의 절에 대한 여러 가지 정보를 제공하는 역할을 한다. 〈접속사+주어+동사〉의 형태로 부사절을 이끌며 문장의 앞이나 뒤에 올 수 있고, 주절과의 의미 관계를 정확히 파악하는 것이 부사절의 접속사 선택에 있어서 핵심이다. while, unless, otherwise, now that, what with 등을 특히 주의하자.

기본 다지기

1. **시간을 나타내는 부사절 접속사**

(1) after ~이후에/ before ~이전에

Korean women always keep their maiden name even **after** they get married.
한국 여성은 결혼 후에도 성을 그대로 유지한다.

시간의 부사절이 미래를 나타내는 경우에 미래 대신에 현재시제를 주로 사용한다.

We'll have a better idea **after** we finish her blood test.
그녀의 혈액 검사가 끝나면 좀 더 정확히 알 수 있을 것이다.

The governor's approval is needed **before** a bill becomes a law.
법안은 법률화되기 전에 주지사의 승인이 필요하다.

(2) when: ~할 때

When I arrived at the station, the train had already left for München.
내가 역에 도착했을 때 기차는 이미 뮌헨으로 떠나 버렸다.

(3) while: ~하는 동안에

While I'm away from the office for a business trip, please ask my clients to leave messages.
제가 출장 가서 사무실에 없는 동안 고객들에게 전할 말을 남기라고 해 주세요.

✎ while 다음에 주어와 be동사가 생략되어 진행형이 사용될 수도 있다.

⑩ She had one eye on her child while preparing dinner.
그녀는 저녁 식사를 준비하는 동안에 아이에게 주의를 기울였다.

(4) since: ~이후로

He has been consistently abusing his power **since** he became a mayor.
그는 시장이 된 이후로 권력을 남용하고 있다.

✎ since는 주로 현재완료시제와 어울리면서 뒤에는 과거의 시점이나 과거시제가 온다.

Ginseng has been harvested across the southern third of Korea **since** colonial times.
인삼은 식민지 시대 이후로 한국 남부의 1/3 지역에서 수확되고 있다.

✎ since는 전치사로도 자주 쓰인다.

(5) until: ~까지

People are always afraid of cutting-edge technology **until** they realize how useful it is.
사람들은 언제나 최첨단 기술이 얼마나 유용한지 깨닫기 전까지는 그것에 대해 두려운 마음을 갖는다.

It was not until he read her letter written in tears **that** he realized her true love.
= Not until he read her letter written in tears did he realize her true love.
눈물로 쓴 편지를 읽고 나서야 비로소 그는 그녀의 사랑을 알았다.

✎ It is … that 형식의 강조구문에서 중간에 Not until…을 넣어서 '~해서야 비로소 …하다'의미를 만들기도 한다.

(6) once: 일단 ~하면

Once approval is received, the 125-story downtown building could be completed in two years.
일단 승인이 떨어지고 나면 2년 안에 125층짜리 건물이 도심에 완공될 수 있을 것이다.

Our flight attendants will be providing complimentary beverage service **once** we are airborne.
비행기가 일단 이륙하면 승무원이 무료 음료를 제공해 드릴 것입니다.

(7) as soon as: ~하자마자

Mr. Davis has asked to be transferred to the Maryland branch **as soon as** an opening there becomes available.
데이비스 씨는 메릴랜드 지사에 결원이 생기는 대로 그곳으로 전근을 요청했다.

↳ on[upon]+ -ing에도 '～하자마자, …할 때'와 같은 유사한 의미가 있다.

예 Upon returning, all employees are required to complete an expense report for business travel.
모든 직원들은 출장에서 돌아오는 즉시 경비 보고서를 제출해야 한다.

2. 조건을 나타내는 부사절 접속사

(1) provided (that): ～하는 경우에 한해서

Provided that you have the money in your account, you can use a debit card up to $500 a day.
만약 계좌에 돈이 들어 있으면 하루에 500달러까지 체크 카드를 사용할 수 있다.

(2) on condition that: ～하는 조건으로

He allowed his daughter to go out **on condition that** she must come back before 10.
그는 10시 전에는 반드시 귀가한다는 조건으로 딸의 외출을 허락했다.

(3) as long as: ～하는 한 (조건)

As long as you adopt an aggressive approach, nothing can stop you.
네가 진취적인 자세를 취하면 네 앞길을 방해하는 것은 아무것도 없다.

↳ as far as와 혼동하기 쉽다. as far as는 '～에 관한 한'의 의미로 어느 정도의 '범위'를 설정한다.

(4) as far as: ～에 관한 한

As far as I know, he's a really good person.
내가 아는 한 그는 정말 괜찮은 사람이다.

(5) unless(= if not): ～하지 않는다면

This finding indicates that no gene activation occurs **unless** there is some direct stimulation.
그들이 발견한 사실은 만약 직접적인 자극이 없다면 어떠한 종류의 유전자 활동도 일어나지 않는다는 것을 암시한다.

(6) only if 오직: ～하는 경우에 한해서

Only if a teacher has given permission is a student allowed to leave the room.
교사가 학생에게 허락을 하는 경우에만 학생은 교실을 떠날 수 있다.

↳ only에는 부정적인 뜻이 내포되어 있으므로 문장의 앞에 있는 경우에 주절은 동사가 주어 앞으로 도치된다.

3. 이유와 양보를 나타내는 부사절 접속사

(1) because, since: ～때문에, …이니까

because는 조사의 필요성에 대한 직접적인 이유를 나타낸다.

All Koreans who design furniture or lamps, have a Korean style **because** they are Korean.
가구나 램프를 디자인하는 모든 이는 자신이 한국인이기 때문에 한국 스타일이 있다.

↳ 전치사 because of에 주의해야 한다. 접속사 뒤에는 주어와 동사가 오지만 전치사 뒤에는 명사(구)가 온다.

예 The people evacuated the town because of the fire.
사람들은 화재가 나서 대피했다.

since는 '현재의 어떤 사실을 생각할 때'의 의미가 있다. because가 직접적인 원인을 설명한다면 since는 그보다는 직접적이지 않으며 판단의 근거를 제시하는 것으로 볼 수 있다.

What you eat remains the best source of calcium **since** food provides other nutrients as well.
음식은 다른 영양소도 공급하기 때문에, 칼슘의 최대 원천이다.

(2) now (that): ～때문에, …이니까

The intersection is much safer for pedestrians **now that** a traffic light has been installed.
교통 신호등이 설치되었으므로, 교차로를 건너는 보행자들이 훨씬 안전해졌다.

(3) (al)though: 비록 ～할지라도

We managed to have a pretty good time, **though** it kept raining for almost two weeks.
2주일 동안 계속 비가 내렸지만 우리는 그런대로 꽤 즐거운 시간을 보낼 수 있었다.

Although they are studying at law schools in America, they do not follow the American curriculum.
비록 그들이 미국에 있는 법대 대학원에서 공부하고는 있지만 미국 교과 과정을 따르지 않는다.

↳ although와 though는 같은 의미로 볼 수 있다. 문장 뒤에서 '그래도, 그렇지만'의 의미를 나타낼 때는 although가 아닌 though를 쓴다.

ⓔ It is unlikely that life currently exists on Titan, **though**.
　　그렇지만 현재 생명체가 타이탄에 존재할 것 같아 보이지는 않는다.

(4) even if: 비록 ～할지라도

People tend to stick to their first impressions, **even if** they are wrong.
사람들은 첫인상이 잘못된 것일지라도 그것에 집착하는 경향이 있다.

(5) as: 비록 ～할지라도

형용사, 부사, 동사, 명사 등을 문장 앞에 두어 강조하면서 as는 though처럼 양보의 의미를 전달한다.

Try **as** he might, he could not remember her phone number.
아무리 애써 봐도 그는 그녀의 전화번호가 기억나지 않았다.

4. 목적과 결과를 나타내는 부사절 접속사

(1) so that … can: ～하도록

Ancient artifacts are carefully being preserved in museums **so that** we **can** view them now.
고대 예술품은 우리가 현재 관람할 수 있도록 박물관에서 세심하게 관리되고 있다.

(2) in order that: ～하기 위해서

All those concerned must work together **in order that** everybody can reach an agreement on this issue.
모든 사람들이 이 문제에 합의를 이루도록 관련자들 모두 협력해야 한다.

(3) lest ... should: ～하지 않도록

They always speak in a low voice **lest** they (**should**) be overheard.
누가 엿듣지 못하도록 그들은 언제나 작은 소리로 얘기한다.

↳ should는 생략될 수 있으며 자체적으로 부정적인 의미이므로 뒤에 not을 쓰지 않도록 주의하자.

(4) in case (that)/ in case of: ～하는 경우에 대비해서

The government planned measures to prevent possible paralysis of all the traffic **in case** the strike goes ahead.
정부는 파업이 예정대로 벌어질 경우 모든 교통이 마비되는 사태를 방지하기 위한 대책을 마련했다.

(5) so ... that/ such ... that: ～해서 …하다

Theo became **so** great a writer **that** people from all over the country came to hear his lectures.
테오는 훌륭한 작가가 되어서 그의 강연을 들으러 전국에서 사람들이 왔다.

↳ so that이 어떤 일에 대한 결과를 나타낼 수도 있다.

📞 His father died suddenly so that he was obliged to leave school.
아버지께서 갑자기 돌아가셔서 그는 학교를 중퇴해야 했다.

It was **such** a good book **that** I couldn't put down.
너무 재미있는 책이라 손을 놓을 수가 없었다.

5. 기타 부사절 접속사

(1) while, whereas: 반면에

While many of us have a great deal to be thankful for, some of us are less fortunate.
우리들 가운데는 감사해야 할 것이 너무나 많은 사람이 있는가 하면 불운한 사람들도 있다.

Network computers are designed for business use and have standard computer monitors, **whereas** Web set-top boxes connect to a TV set.
네트워크 컴퓨터는 비즈니스용으로 디자인되었고 표준 컴퓨터 모니터가 있는 반면 웹 셋톱 박스는 TV 수상기에 연결된다.

(2) in that: ～라는 점에서 (어떤 주장에 대한 근거를 제시)

The Vikings were different from those in Europe of their time **in that** they had no fear of leaving land.
바이킹족은 육지를 떠나는 것을 두려워하지 않았다는 점에서 당시 유럽인과 달랐다.

출제 포인트

전치사, 항상 헷갈린다!

영어 공부에 왕도가 없다지만 전치사는 특히 어렵게 느껴지는 부분이다. 예문과 함께 표현을 익히고 외우는 방법이 지루한 것 같아도 최고의 방법이다. TEPS에서는 전치사의 관용적 표현 외에도 여러 가지 뜻을 가진 전치사의 용법을 묻는 문제가 출제된다.

기본 다지기

1. 장소를 나타내는 전치사: at, in

주로 좁은 장소에는 at을 사용하고, 넓은 장소에는 in을 사용한다.

Owing to the interruption of railway traffic, there are mountains of freight piled up **at** the station.
기차 중단 때문에 정거장에는 화물이 산더미처럼 쌓여 있다.

Samples from Turkey were the same virus that has killed many people **in** Asia.
터키에서 채취한 바이러스 샘플은 아시아에서 많은 이의 생명을 앗아간 바이러스와 동일한 것이었다.

2. 방향을 나타내는 전치사: to, for, toward, into

His family is going **to** an isolated island somewhere in Indonesia for a vacation.
그의 가족은 휴식차 인도네시아 어딘가에 있는 외딴 섬으로 휴가를 간다. [~으로]

Patrick would be leaving **for** New Zealand to see his fiancée.
패트릭은 약혼녀를 만나기 위해 뉴질랜드로 떠날 것이다. [~으로]

It may be slow, but I think the economy is headed **toward** a full-fledged recovery.
더디긴 하지만 경제가 전면적인 회복을 향해 가고 있다고 본다. [~를 향하여]

The children of the immigrants easily assimilated **into** American culture.
이민자들의 자녀는 미국 문화에 쉽게 동화되었다. [~안으로]

3. 시간을 나타내는 전치사: on, at, in, for, during, by, until, throughout

(1) on: 날짜, 요일, '특정한 날의 아침[오후/ 저녁]에'

The result of the examination will be announced **on** Thursday morning.
시험 결과 발표는 목요일 아침이다.

(2) at: 시각 at night[noon/ dawn]

If you get this message, please call me back, otherwise I'll meet you **at** seven-thirty.
이 메시지를 받거든 전화주세요. 아니면 7시 반에 뵐게요.

(3) in: 년도, 월, 계절,

A special relationship with the Republic of South Africa was formed **in** 2002.
2002년 남아프리카공화국과의 특별한 관계가 형성되었다.

In July and August, we service the back-to-school market and **in** September we begin to ship for the Christmas season.
7, 8월에는 신학기 시장에 물품을 공급하고 9월에는 크리스마스 때 팔 물건을 배송하기 시작한다.

(4) for, during: ~동안에

for 다음에는 구체적인 숫자와 기간이 오고, during 다음에는 구체적인 기간, 즉 stay, holiday, vacation 등과 같은 명사가 온다.

The plumber said that he had his hands full and could not take another job **for** three weeks.
배관공은 너무 바빠서 3주일 동안 다른 일거리는 받을 수 없다고 말했다.

South Korean authorities estimate the North holds more than 500 prisoners taken **during** the war.
한국 정부는 북한이 전쟁 중에 납치한 5백 명 이상의 포로를 억류하고 있다고 추정한다.

(5) within: ~이내에

Any person who desires to bid for the above shall apply **within** a week.
상기 입찰 희망자는 1주일 내에 신청하시기 바랍니다.

He learned to drive **within** six months.
그는 6개월 만에 운전하는 법을 배웠다.

(6) by, until: ~까지

until은 어떤 일이 특정 시점까지는 계속됨을 의미하고 by는 어떤 일이 특정 시점까지 종료[완료]됨을 뜻한다.

The heavy rains will last on and off **until** Thursday, but we expect less rain on Monday.
호우는 목요일까지 산발적으로 계속될 것이나 월요일에는 비가 덜 내릴 것으로 예상된다.

The principal said on the air that all the students must leave the school **by** 4 o'clock because of the typhoon.
교장은 방송으로 태풍이 올라오니 학생 모두는 4시까지 학교를 떠나야 한다고 했다.

(7) throughout+시간: ~내내, 쭉/ throughout+장소: ~전역에, 도처에

Most convenient stores are open every day **throughout the year**.
대부분의 편의점은 연중 매일 연다.

The Black Death spread rapidly **throughout Europe** in the 14th century.
14세기 유럽 전역에 흑사병이 급격하게 확산되었다.

5. 기타 전치사

(1) because of, due to, owing to: ~때문에

I can't believe that I was suspended from school just **because of** this mere trifle.
그처럼 사소한 일 때문에 내가 정학을 당했다는 것을 믿을 수가 없다.

Due to regulations, all the luggage being checked in must be placed under the X-ray machine.
규정 때문에 체크인된 모든 짐은 엑스레이 기계를 반드시 거쳐야 한다.

Existing programs are proven failures **owing to** political and corrupting factors.
기존의 프로그램은 정치적 요인과 부패 요인으로 인한 실패였다는 것이 입증된다.

(2) despite, in spite of: ~에도 불구하고

The Kurdish autonomous region has been largely stable **despite** some suicide bomb attacks.
쿠르드 자치 지역은 몇몇 자살 폭탄 공격에도 불구하고 대체로 안전을 유지해 왔다.

In spite of our generational gap, we make the best duet every time on stage.
세대차에도 불구하고 우리는 무대에서 공연할 때마다 최고의 듀엣이 된다.

✎ in spite of는 despite와 같은 의미의 전치사다. despite of라는 표현은 쓰지 않으니 주의하자.

(3) at[for] one's age: ~의 나이에

I'm afraid that I should have more responsibility **at[for] my age**.
내 나이에는 더 많은 책임을 져야 한다는 것이 두렵다.

(4) by+숫자: 수의 차이

The price of oil fell **by $2.35** a barrel last week.
지난주 유가가 배럴 당 2.35달러로 떨어졌다.

⊕ 암기만이 살 길!

at을 이용한 관용표현

at a … speed ~한 속도로	**at a … pace** ~한 속도로	**at the rate of** ~의 비율로
at the age of ~나이에	**at the latest** 늦어도	**at one's convenience** 편한 때에
at one's expense ~의 비용으로	**at one's expense** ~의 비용으로	**at one's request** ~의 요구에 의해
at the end of ~의 말에	**at the moment** 지금	**at once** 즉시, 당장
at most 기껏해야	**at work** 작용하여	**at large** 대체적인
at times 가끔은		

전치사 관련 표현

1. 동사+전치사

account for ~을 설명하다
approve of ~을 승인하다
comply with ~을 준수하다
depend on ~에 의존하다
interfere with ~을 간섭하다
replace with ~을 대신하다, 대체하다
wait for ~을 기다리다

add to ~을 더하다
assist with ~을 돕다
consist of ~로 구성되다
deprive of ~를 제거하다, 빼앗다
invest in ~에 투자하다
subscribe to ~을 구독하다

agree with/ to ~에 동의하다
break down 고장 나다
contribute to ~에 기여하다
face with ~에 직면하다
recover from 회복하다
sympathize with ~을 동정하다

2. 명사+전치사

access to ~에의 접근, 출입
be on the rise 증가하다
concern over ~에 대한 걱정
guarantee of ~의 보장
in comparison with ~와 비교하여
lack of ~의 부족
out of print 절판된

appointment with ~와의 약속
by means of ~을 이용해서
demand for ~에 대한 요구
in accordance with ~에 따라
in cooperation with ~와 협력하여
on behalf of ~을 대표하여
problem with ~에의 문제

approach to ~에의 접근
cause of ~의 이유
effect on ~에 대한 영향
in anticipation of ~을 기대하여
in observance of ~을 준수하여
out of business 폐업한, 폐업의
tax on ~에 대한 세금

3. be동사+형용사/ 과거분사+전치사

be accustomed to ~에 익숙하다
be attached to ~에 부착[첨부]되어 있다
be comparable with ~와 비교되는
be eligible for ~할 자격이 있다
be equipped with ~를 갖추다
be polite to ~에게 친절하다

be angry with ~에게 화나다
be aware of ~을 알고[인식하고] 있다
be consistent with ~와 일관된
be enthusiastic about ~에 열정적이다
be famous[known] for ~으로 유명한
be responsible for ~에 책임이 있는

be appreciative of ~에 감사하다
be capable of ~을 할 수 있다
be dedicated to ~에 전념[헌신]하다
be equal to ~와 동등하다[같다]
be pleased with ~에 만족하다
be similar to ~와 비슷한

4. 전치사구

apart from ~은 별도로 하고
at all times 항상
be about to 막 ~하려고 한다
in advance 미리, 사전에
in light of ~로 비추어 보아
in view of ~을 고려하여
on behalf of ~을 대신하여

as a result of ~의 결과로
at the rate of ~의 비율[속도]로
be the end of ~의 말까지
in comparison with ~와 비교해서
in place of ~대신에/ ~을 대신하여
in violation of ~을 위반하여
on top of ~뿐만 아니라

aside from ~이외의, ~뿐만 아니라
be accompanied by ~을 동반하다
in accordance with ~을 따라서
in honor of ~에게 경의를 표하여
in spite of ~에도 불구하고
instead of ~을 위반하여
with regard to ~에 대하여

다음 밑줄 친 곳에 들어갈 말을 고르시오. (1~5)

1 Before sound recording, classical music was passed down through written scores (because, whereas) early jazz mainly relied on live performance.

2 Children under 8 are not allowed to use the swimming pool (unless, once) they are with an adult.

3 The amusement park has decided to lower the admission fee (by, with) 30 percent for one week.

4 The singer's first public appearance was (for, at) the age of eleven.

5 (Despite, Because of) decent economic growth over the last year, forecasts for next year are pessimistic.

다음 문장에서 틀린 곳을 찾아서 고치시오. (6~10)

6 The thief managed to steal the painting despite of the extremely heavy security network.

7 China, which has veto power on the Council, is between the countries against using sanctions.

8 Eventually the elevator was added though some tenants were having difficulties with the stairs.

9 All flights from the fog-bound airport have been postponed by further notice.

10 The taxi driver put my bags on the wagon during the porter was handing me luggage tags.

1 whereas
2 unless
3 by
4 at
5 Despite
6 despite of → despite
7 between → among
8 though → because
9 by → until
10 during → while

번역 및 해설

1 번역 녹음하기 전에 고전 음악은 악보를 통해서 전달이 된 반면에, 초기의 재즈는 주로 라이브 공연에 의존했다.
해설 서로 반대되는 내용이 연결되고 있으므로 whereas를 사용한다.

2 번역 8세 미만의 어린이들은 성인을 동반하지 않으면 수영장을 이용할 수 없다.
해설 문맥상 '~하지 않는다면'의 의미가 되므로 unless를 쓴다.

3 번역 놀이공원은 일주일간 입장료를 30% 인하하기로 했다.
해설 by는 '정도'를 나타낸다.

4 번역 그 가수가 대중 앞에 처음 모습을 드러낸 것은 열한 살 때였다.
해설 '~나이에'는 at the age of를 관용적으로 쓴다.

5 번역 지난 해의 순조로운 경제 성장에도 불구하고, 내년 전망은 비관적이다.
해설 문맥상 앞뒤가 반대되는 내용을 연결하는 것은 Despite가 적절하다.

6 번역 도둑은 삼엄한 경비망을 뚫고 그림을 훔칠 수 있었다.
해설 despite of 형태는 쓰지 않는다.

7 번역 안보리에 거부권을 가지고 있는 중국은 제재 조치를 반대하는 국가 중 하나다.
해설 문맥상 셋 이상의 대상이 있을 경우에는 among을 쓴다.

8 번역 몇몇 세입자가 계단을 오르내리는 데 곤란을 겪었기 때문에 결국 엘리베이터가 추가 설치되었다.
해설 though 이하에서 앞 절에 대한 이유를 제시하고 있으며 because가 적당하다.

9 번역 안개로 발이 묶인 공항의 모든 비행기는 추후 통지가 있을 때까지 운행이 연기되었다.
해설 어느 시점까지 어떤 일이 계속된다는 뜻에는 until이 적당하다.

10 번역 운반인이 나에게 짐표를 건네주는 동안 택시 기사는 가방을 차에 실었다.
해설 '~하는 동안'의 의미를 가진 접속사가 필요하다. during은 전치사다. 주어와 동사가 있는 경우에는 접속사를 써야 하고, 명사(구)가 있는 경우에는 전치사를 사용한다. 접속사와 같은 의미를 가진 전치사에 주의하자.

1 A : Jason, how about taking a rest?

B : Not right now. We have walked only _____ than two kilometers!

(a) more
(b) better
(c) little
(d) less

2 A : Would you recommend the best way to improve Chinese?

B : Well, try to read _____ as possible.

(a) not so many Chinese books
(b) Chinese books as much
(c) more Chinese books than
(d) as many Chinese books

3 A : What should I do if Charles invites me to the dance?

B : _____, just play it cool.

(a) When he is asked
(b) When to ask
(c) When asked
(d) When asking

4 A : How fast is Karl?

B : At least fivefold _____ me.

(a) so fast as
(b) more fast than
(c) less faster than
(d) as fast as

5 A : How do you like this restaurant?

B : It is one of the most beautiful _____ the worst place I have ever eaten in.

(a) then
(b) so
(c) yet
(d) neither

6 A : How do you handle a job interview _____ lunch?
   B : It's not a big deal.

   (a) while
   (b) at
   (c) with
   (d) over

7 A : How did the press conference go?
   B : It turned out a failure. _____ from the media came.

   (a) Most nobody
   (b) Most anybody
   (c) Almost nobody
   (d) Almost anybody

8 A : Why was your roommate so rude on the phone?
   B : She's lacking _____ manners and common sense a bit.

   (a) with
   (b) in
   (c) on
   (d) at

9 A : I should have persuaded her to stay with us.
   B : Well, _____ Harry begged her to do so, she didn't listen to him.

   (a) still
   (b) yet
   (c) although
   (d) despite

10 A : Can you help me to fill out this form?
   B : Sorry, I'm not _____ good at writing this kind of paper.

   (a) no
   (b) some
   (c) many
   (d) much

11   The excited children waved _____ us, and we smiled back.

(a) in
(b) at
(c) on
(d) into

12   _____ of her novels were popular, and she was not well-known.

(a) Few
(b) A few
(c) Little
(d) A little

13   A survey shows that Korea makes _____ cell phones.

(a) world best
(b) the world's best
(c) the best world
(d) the best world's

14   They are no _____ specialists than I am.

(a) least
(b) much
(c) little
(d) more

15   You can withdraw some money _____ you have it in your account.

(a) in case
(b) unless
(c) provided
(d) even if

16 Even _____ paper may not be free from mistakes.

(a) most carefully researched
(b) most careful researched
(c) the most carefully researched
(d) most carefully research

17 We should be considerate to _____.

(a) other
(b) the other
(c) another
(d) others

18 My husband badly needs a car at the moment. He's going to buy _____ this week.

(a) it
(b) one
(c) that
(d) this

19 The two branches of mathematics were invented _____ century.

(a) at the eighteenth
(b) in eighteenth
(c) at eighteenth
(d) in the eighteenth

20 It is an annual project designed to find the _____ coffee from the Cauca region.

(a) better best
(b) most best
(c) wide best
(d) very best

UNIT 13

관계사

관계절은 명사(선행사)를 수식하는 형용사절의 역할을 한다. 관계대명사는 관계절 내에서 주어, 목적어, 보어와 같은 명사적 요소의 공백이 생겨서 그 자리를 채우며 불완전한 절을 이끈다. 관계대명사 문제가 나올 경우 선행사와 격을 꼭 확인하자.

유형 1 관계대명사의 종류와 격

출제 포인트

관계사에 접근하는 법
1. 관계대명사 앞에 오는 명사인 선행사를 확인한다.
2. 관계사 뒤의 문장 구조를 파악한다.
3. 관계대명사 뒤에는 주어나 목적어가 없는 불완전한 문장이 오고, 관계부사 뒤에는 완전한 문장이 온다.

기출 변형 **There are many ways _____ we arrive at a truth: we arrive at a mathematical truth by deduction.**
(a) by which
(b) for which
(c) in that
(d) in where

✎ 빈칸 뒤에 있는 절에 주어, 동사가 있으니 관계부사나 〈전치사+관계대명사〉가 들어가야 하고 수단이나 방법을 나타내는 전치가 by가 적절하므로 (a)가 정답이다.
우리가 진리에 도달하는 데는 여러 가지 방법이 있다. 예를 들어 연역법을 통해 우리는 수학적 진리에 도달한다.

기본 다지기

1. **who, whose, whom: 선행사가 사람**

   This program is intended for students **who** wish to pursue a professional career in dance.
   이 프로그램은 직업 무용수로 경력을 쌓고 싶어 하는 학생들을 위한 것이다. [주격]

   I saw one of my old friends, **who** recognized me at once.
   옛 친구들 중 한 명을 만났는데, 그는 즉시 나를 알아보았다. [주격/ 계속적 용법]

She's praying. I think she's one of the mothers **whose** children are taking the examination.
그녀는 기도하는 중이야. 내 생각에는 시험 보는 아이들의 어머니 중 한 분일 거야. [소유격]

Marilyn brought a man **whom** I had never met before.
마릴린은 내가 전에 만난 적이 없는 남자를 데리고 왔다. [목적격]

2. which: 선행사가 사물

In the Amazon, there are plants **which** eat insects using their roots.
아마존에는 뿌리로 곤충을 잡아먹는 식물이 있다.

Andrea is cast as a model, **which** she has long dreamed about.
앤드리아는 모델로 캐스팅되었는데, 그것은 그녀가 오랫동안 꿈꾸던 일이었다.

✎ 관계대명사 which가 앞 내용을 받고 있다. 관계대명사 which는 앞 내용 일부 또는 전체를 가리킬 수 있다.

which의 소유격은 whose 또는 of which 형태를 쓸 수 있다.

Have you ever heard about a terrible disease **of which[whose]** the cause is still unknown?
원인이 아직 밝혀지지 않은 끔찍한 질병에 대해 들어본 적이 있습니까?

3. that: 선행사가 사람/ 사물

Two areas **that** need more attention are combat power and the number of fighting units.
더 신경을 써야 할 두 분야는 전투력과 전투 부대의 수입니다.

All the books **(that)** I need were checked out.
내가 필요한 책이 모두 대출 중이었다.

✎ 목적격 관계대명사는 생략이 가능하다. 관계대명사가 생략된 형태에 주의하자.

> that은 전치사 뒤와 콤마 뒤에는 절대로 사용하지 못한다.
> Alex told me he had all the work done, that was not true. (X)
> Alex told me he had all the work done, which was not true. (O)

4. what: what은 선행사까지 포함하고 있으므로 what 앞에는 선행사인 명사가 오지 않는다.

What he told me was totally wrong.
그가 내게 얘기해준 것은 완전히 틀렸다.

⭐ 암기만이 살 길!

what+주어+be동사 현재형: 현재의 주어/ what+주어+be동사 과거형: 과거의 주어
what I am 현재의 나   **what I was** 과거의 나

what is+비교급 더욱 ~한 것은   **what is**+최상급 가장 ~한 것은
what is better 더욱 좋은 것은   **what was worse** 설상가상으로

what is called 소위, 이른바

A is to B what C is to D A와 B의 관계는 C와 D의 관계와 같다

what is A and B A와 B 때문에

 유형 2 복합관계대명사

출제 포인트

관계대명사+ever = 선행사+관계대명사
whoever(누구든지), whichever(어느 것이든지), whatever(무엇이든지)이며 명사절과 양보부사절을 이끈다.

📋기출 변형 **Deciding between two books, Miranda decided to read _____ looked more interesting.**

(a) which
(b) whatever
(c) whichever
(d) no matter when

📞 whichever는 몇 가지 중 어느 것을, whatever는 모든 것 중 어느 것을 의미하게 때문에 정답은 (c)이다.
    책 두 권 중 결정하는 가운데, 미란다는 어느 것이든지 더 흥미로워 보이는 것을 읽기로 했다.

기본 다지기

1. whoever (= anyone who) ~하는 누구든지

Whoever is right in this medical controversy, it seems only the sick are suffering.
이 의약 분업 논쟁에서 어느 쪽이 옳든, 고통 받는 것은 환자뿐인 것 같다.

2. whomever (= anyone whom/ no matter whom) ~하는 누구에게든

The rich man offered a big reward to **whomever** could recover his abducted son.
그 부자는 유괴된 아들을 찾아주는 사람에게 거액의 사례금을 주겠다고 했다.

3. whatever (= anything (that)/ no matter what) ~하는 무엇이든지

Whatever it costs, it'll be better than having no health insurance at all.
보험료에 상관없이, 아예 건강 보험이 없는 것보다야 낫다.

4. whichever (= anything (that)/ no matter which) ~하는 무엇이든지

Whichever way you drive, it will take(= lead) you to the Donghae Express Highway.
어느 길로 차를 몰아도 동해 고속 도로로 나갈 것이다.

> whatever와 whichever를 구분하는 문제가 자주 출제되는데, whichever는 문맥상 선택의 범위가 주어진 경우 뒤에 명사가 올 수 있지만, whatever는 선택의 범위가 없이 막연한 것을 의미할 때 사용한다. 즉, whatever는 모든 것을 강조할 때 쓰고 whichever는 선택의 의미를 강조할 때 사용한다.

 관계형용사

출제 포인트
〈which+명사〉는 한정된 의미를 갖고, 〈what+명사〉는 전부를 가리킨다.

기본 다지기

1. which+명사 (= all that+명사): 어느 ~을 해도

   Take **which earrings** you want from my jewelry box.
   내 보석 상자에서 원하는 귀걸이 가져가.

2. what+명사: 전부, 모두

   Take **what earrings** you want from my jewelry box.

⊛ 암기만이 살 길!

관계형용사 what과 의문형용사 what의 구별

what의 의미로 구별한다. **what**이 의문형용사일 때는 '무슨'이라는 뜻으로 쓰이고, 관계형용사로 쓰일 때 '만큼의 모든' 이라는 뜻으로 쓰인다.

Everybody knows what color the sky is. 모두들 하늘이 무슨 색인지 안다. (의문형용사)

 **유형 4** 관계부사

출제 포인트

관계부사 = 전치사 + 관계대명사
관계부사 뒤에는 항상 완전한 문장 구조가 오며 전치사+관계대명사로 바꿀 수 있다.

📋 **기출 변형** **The day _____ began as just another day.**

(a) Baby Dylan born
(b) Baby Dylan was born on
(c) which Baby Dylan was born
(d) when Baby Dylan was born

📞 빈칸이 두 절을 연결하며 앞의 the day 즉, 선행사를 받을 관계사가 필요한데 관계사절이 완전하므로 시간을 나타내는 관계부사 when이 들어가야 한다. 따라서 정답은 (d)이다.

아기 딜런이 태어난 날도 여느 날과 다름없이 시작했다.

기본 다지기

1. **when(= on which): 선행사가 시간을 나타낼 때**

   The day **when** doctors will develop a cure for that disease still seems a long way off.
   의사들이 그 병의 치료법을 개발해 낼 날은 아직 먼 것 같다.

2. **where(= in which): 선행사가 장소를 나타낼 때**

   We live in a world **where** competition for time threatens our quali-y of life.
   우리는 시간 경쟁이 삶의 질을 위협하는 세계에 살고 있다.

3. **how(= by[in] which)**

   특히, 관계부사 how는 the way how 형태로 쓰지 않으니 주의하자.

   This is **how** we have built our company into the nation's largest retail store.
   이렇게 해서 우리 회사가 전국에서 가장 큰 소매점으로 성장했다.

 유형 **5** 복합관계부사

출제 포인트

관계대명사+ever
복합관계부사는 〈관계부사+ever〉의 형식이며 복합관계부사도 복합관계대명사와 마찬가지로 '양보'의 의미를 나타낼 수 있다.

기본 다지기

1. whenever (= at any time when): 언제 ~하든 상관없이

   Whenever I do anything to upset him, he goes into a rage and will not speak to me for long periods.
   내가 자기 신경에 거슬리는 일을 하기만 하면 그는 불같이 화를 내고 오랫동안 말을 하지 않았다.

2. wherever: 어디로/ 어디에서 ~하든 상관없이

   You may go **wherever** you like, provided (that) you come back by evening.
   어디에 가도 좋지만 단 저녁 때까지는 돌아오너라. (= any place where)

3. however (= no matter how): 아무리~해도

   However humble it may be, there is no place like home.
   아무리 누추하다 할지라도 집만한 곳은 없다.

   The dirt will not come out, **however** hard I may try to wash it off.
   아무리 빨아도 때가 지지 않을 것이다.

   ↳ however 다음에 형용사(humble)나 부사(hard)가 올 수 있다.

다음 밑줄 친 곳에 들어갈 말을 고르시오. (1~5)

1 The Bible has principles (what, that) have served to form the foundation for several cultures.

2 The weather was fair every day of our vacation, (which, that) we hadn't expected.

3 Those (who, whose) got pneumonia take a long time to recover.

4 This test is for businessmen (whose, who) native language is not English.

5 The dean was laden with too many responsibilities, (which, that) led to his ill health.

다음 문장에서 틀린 곳을 찾아서 고치시오. (6~10)

6 The pacemaker is a small battery-operated device what is implanted in the body.

7 There are questions that test takers must read, listen and then speak their answer.

8 Unable to tell their own side from the enemy, the soldiers shot indiscriminately at whomever came in sight.

9 In November, the hospital was crowded with more patients than usual, most of them had symptoms of the flu.

10 There are many candidates which success or failure in the election is not yet known.

정답

1 that
2 which
3 who
4 whose
5 which
6 what → that/ which
7 that → where
8 whomever → whoever
9 them → whom
10 which → whose

번역 및 해설

1 번역 성경에는 몇몇 문화의 기반을 만드는 역할을 해 온 원리가 담겨 있다.
해설 선행사가 있으므로 관계대명사는 that을 쓴다.

2 번역 휴가 동안 매일 날씨가 맑았는데, 그건 우리가 예상치 못한 일이었다.
해설 계속적 용법으로 사용되며 앞 내용을 가리키는 관계대명사는 which가 된다.

3 번역 폐렴에 걸린 사람들은 회복하는 데 시간이 오래 걸린다.
해설 선행사 Those를 수식하며 동사 got의 주어가 되는 관계대명사 who가 와야 한다.

4 번역 이 시험은 모국어가 영어가 아닌 회사원을 위한 것이다.
해설 '회사원의 모국어'에서 소유 관계를 나타낸다.

5 번역 학과장은 너무 많은 책임을 지고 있었고, 이는 건강 악화로 이어졌다.
해설 관계대명사 that은 계속적 용법이 없으므로 관계대명사 which를 사용한다.

6 번역 맥박조정기는 몸 속에 이식하는 전지로 작동되는 작은 장치다.
해설 관계대명사 what에는 선행사가 없다. 선행사 device가 있으므로 that 또는 which를 사용한다.

7 번역 응시자가 읽고, 듣고 나서 말로 답하는 유형의 문제들이 있다.
해설 questions를 수식하며 완전한 절을 이끄는 것은 관계대명사 that이 아니라 관계부사 where가 되어야 한다.

8 번역 적군과 아군의 구별이 어려운 상황에서 병사들은 닥치는 대로 총을 쏘았다.
해설 전치사 at의 목적어는 생략되었으므로 came의 주격인 whoever를 쓴다.

9 번역 11월에 병원은 평소보다 많은 환자로 붐볐는데, 대부분이 독감 증세를 보였다.
해설 대명사 them에는 접속사의 기능이 없으므로 접속사 역할을 하는 관계대명사가 필요하다.

10 번역 아직 당락을 알 수 없는 후보가 많다.
해설 선행사 candidates와 관계대명사절의 success or failure 사이에 소유 관계가 있으므로 소유격을 쓴다.

UNIT 14

특수구문과 어순

특수구문은 크게 도치, 강조구문, 간접의문문, 생략과 대용으로 나뉘는데 특히 도치 부분을 신경 써야 한다. 문장의 기본 어순이 달라지는 형태이므로 Part 3, 4에서 혼동 하지 않도록 하자.

유형 1 도치

출제 포인트

도치란?
주어 뒤에 있어야 할 동사가 주어 앞으로 이동하는 현상을 말한다.

📖 기출 변형 **Only after the idea of Romanticism took hold _____ to think that the expression of emotions is part of our very nature.**
(a) we did come
(b) came we
(c) did we come
(d) we have come

✎ Only … hold까지 제한적 의미의 부사구가 문장 앞에 있을 경우에 주어와 동사를 도치시킨다. 도치시킬 조동사 나 be동사가 없을 경우에는 시제에 맞추어 do동사를 주어 앞으로 보낸다. 따라서 정답은 (c)이다.
낭만주의 개념이 나온 후에야 우리는 감정 표현이 낭만주의의 본질이라고 생각하게 되었다.

기본 다지기

1. 동의 도치

(1) 긍정적 동의: so+주어+동사 '주어 역시 ~하다'

A: I'm looking forward to seeing Ms. Kim.
김 씨를 만나기를 고대하고 있어.

B: **So am I**.
나도 그래.

(2) 부정적 동의: neither[nor]+주어+동사 '주어 역시 ~아니다'

A: I don't have classes on Saturdays.
토요일은 수업이 없어.

B: **Neither do I.**
나도 그래.

(c.f.) 앞 문장의 내용 강조: so+주어+동사 '주어 역시 정말 그렇다'

A: The SAT is difficult this year.
올해 SAT가 어려워.

B: **So it is.**
정말 그래.

2. 양보절의 보어 도치

although+주어+동사+보어, 주어+동사 → 보어(무관사 명사/ 형용사)+as+주어+동사

Though she is young, she is wise enough.
= **Young as she is**, she is wise enough.
어려도 그녀는 충분히 현명하다.

Though he is a man, he loves decorating his house.
= **Man as he is**, he loves decorating his house.
그는 남자라도 집 꾸미는 것을 좋아한다.

3. 장소, 방향 부사 도치

Near the finish line of the marathon **stand thousands of spectators**.
마라톤의 결승전 근처에 수천 명의 관중이 서있다.

The bus comes here.
= **Here comes** the bus.
= **Here the bus comes**.
버스가 온다.

4. 보어 도치

형용사나 분사 보어가 강조되어 문장 앞에 있는 경우에 주어와 동사가 도치된다.

Undisturbed was the church near the airport area.
공항 근처 지역에 있는 교회가 조용했다.

So absurd was his theory that we ignored it.
그의 이론이 너무 형편없어서 우리는 무시했다.

5. 부정어구 강조에 의한 도치

부정부사가 문장 맨 앞에 오면 도치가 일어난다.

> **문장 앞에서 도치를 발생시키는 부정어구**
> little, never, hardly, scarcely, not only, not until, no sooner, only, seldom, nor, neither 등
>
> 부정부사+be+동사[조동사]+주어
> 부정부사+do[did/ does]+주어+일반 동사의 원형

Little did the doctor think that his patient would come back alive
그 의사는 자신의 환자가 소생하리라고는 꿈에도 생각하지 못했다.

Not until the movie's end do viewers learn whether the ballet performance is real or just a figment of Nina's imagination.
영화가 끝날 때까지 관객들은 발레 공연이 진짜인지 아니면 니나의 상상으로 꾸며낸 것인지 알지 못한다.

Not only could they see nothing in front of them, but they could get lost.
그들은 앞을 전혀 볼 수 없었을 뿐만 아니라 길을 잃을 수도 있었다.

Only in this century **have woman been allowed** to vote, to own property, and to pursue careers after a long struggle.
금세기에 들어서야 여성이 긴 투쟁 끝에 투표, 재산 소유, 직업 추구의 권리를 얻게 되었다.

Seldom have so many of them visited the art gallery such expectation.
많은 사람이 큰 기대를 갖고 미술관을 방문하는 일은 드물었다.

No sooner had the ambassador finished her speech than the staff applauded ardently.
대사가 연설을 끝내기가 무섭게 직원은 열렬한 박수를 보냈다.

유형 **2** 강조용법

기본 다지기

1. **의문문 강조**: on earth (= in the world) '도대체'

   What on earth does he think he's getting out of this mess?
   도대체 그는 자기가 이 난리법석을 빠져날 수 있다고 생각한 거야?

2. **부정문 강조**: not at all, not … in the least, no … whatsoever '조금도 ~아니다'

   I've had **no** luck **whatsoever**.
   나는 행운이라고는 전혀 없었다.

3. **It is … that 강조구문**: '바로 ~이다'

   It is … that 강조구문은 강조하고자 하는 어구를 중간에 넣어서 그 내용을 강조하는 형식이다. 이때, 강조하는
   내용이 사람, 장소, 때 등에 따라서 that은 who, where, when 등으로 바뀔 수 있다.

   Jason met Mary in London last Sunday.
   지난 일요일에 제이슨은 런던에서 메리를 만났다.

   → **It was Jason that[who]** met Mary last Sunday in London.
   지난 일요일에 런던에서 메리를 만난 사람은 바로 제이슨였다.

   → **It was Mary that** Jason met last Sunday in London.
   지난 일요일에 런던에서 제이슨을 만난 사람은 바로 메리였다.

   → **It was in London that[where]** Jason met Mary last Sunday.
   지난 일요일에 제이슨이 메리를 만난 곳은 바로 런던이었다.

   → **It was last Sunday that[when]** Jason met Mary in London.
   제이슨이 메리를 런던에서 만난 때는 지난 일요일이었다.

 간접의문문

출제 포인트
간접의문문이란?
동사의 목적어 자리에 위치하는 의문사가 이끄는 절이며, 〈의문사+주어+동사〉의 어순이 핵심이다.

기본 다지기

1. **직접의문문: 의문사+동사+주어**

   What is the standard limit that airlines must reimburse for lost luggage?
   분실한 짐에 대해 항공사가 배상해야 하는 최대 한도액 기준은 얼마인가?

   How much time do you spend responding to e-mail each day?
   메일에 답장 쓰는 데 시간이 매일 얼마나 걸리는가?

   📞 의문문처럼 보이지만 How come...? 에서는 〈주어+동사〉 어순이 되는 점에 주의하자.

   📗 How come you didn't call me last night after school?
   어제 방과 후 저녁에 왜 전화 안 했어?

2. **간접의문문: 의문사+주어+동사**

   I can't decide **what I should wear** to the graduation party.
   나는 졸업 파티에 어떤 옷을 입고 갈지 결정하지 못했다.

   The employees will select **which of the incentive plans they prefer**.
   직원들은 어떤 보상 계획을 선호하는지 선택할 것이다.

3. **의문사+do you think[suppose/ guess/ imagine 등]+주어+동사**

   Oh boy, who do you think you are? Prince Charming?
   뭐야, 자기가 뭐라고 생각하는 거야? 백마 탄 왕자님?

 생략과 대용

기본 다지기

1. **반복어구 생략**

   생략을 해도 전달하고자 하는 의미가 유지된다면 핵심적인 내용 외에는 대부분의 요소를 생략할 수 있다. 아래 예문에서 의문사와 부정어 not이 핵심적인 정보를 제공하므로 이것만 남기고 질문과 반복되는 내용은 생략하였다. 생략을 할 수 있는 경우에는 가급적 생략을 하는 것이 바람직하다.

   A: Can I take this Friday off?
   이번 금요일 쉬어도 됩니까?

   B: I don't see **why** (you can) not (take this Friday off).
   물론이죠.

의문사 이후의 반복되는 내용도 모두 생략할 수 있다.

A: The newspaper says that a new amusement park will open soon.
신문을 보니 새 놀이공원이 곧 문을 연다고 하네.

B: But it doesn't say **when** (the new amusement park will open).
그런데 언제 여는지 적혀 있지 않아.

비교구문에서 반복되는 어구는 생략이 가능하다.

I finished the assignment earlier than **you** (finished the assignment).
나는 너보다 일찍 그 과제를 끝냈다.

2. 조동사 뒤 반복어구 생략

조동사 다음에 동사구가 반복되면 조동사까지만 쓰고 그 이하는 생략할 수 있다.

My mother will come as soon as she **can** (come).
엄마는 할 수 있는 한 빨리 오실 것이다.

A: Have you ever been to the States?
미국에 가 봤니?

B: No, I **haven't** (been to the States).
아니, 가본 적 없어.

3. 접속사 뒤에서 〈접속사+be동사〉 생략

The students sat calmly on their chairs **as if (they were)** charmed by the orchestra.
학생들은 오케스트라에 의해 매료된 듯이 조용히 앉아 있었다.

I'll stop by your office, **if (it is)** possible.
가능하면 네 사무실에 잠깐 들를게.

4. 대용어 so, do, to

hope, guess, be afraid, think, suppose 등의 동사 뒤에 앞의 내용이 이어질 때 앞 내용이 긍정이면 so로 시작하고 부정문의 경우에는 not으로 앞 절을 대신할 수 있다.

I bought a new computer because my friend **did (so)**.
나는 새 컴퓨터를 샀다. 왜냐하면 내 친구가 샀기 때문이다.

A: Why don't we go out for dinner?
저녁 먹으러 가는 게 어때?

B: Because of my term paper, I'm not able **to** (go out for dinner).
학기말 보고서 때문에 갈 수가 없어.

✎ to부정사 뒤에 반복되는 동사구를 생략하고 to까지만 쓰는 것을 대부정사라고 부른다. ready, be, try 등은 일반적으로 독립적으로 쓰이므로 to 이하에 반복되는 동사구가 있는 경우에 to까지도 생략한다.

例 A: Try to control your breathing.
호흡을 가다듬어 봐.

B: OK, I'll **try**.
좋아, 노력해 볼게.

例 More people own cars now than they **used to** (own cars) years ago.
몇 년 전보다 차를 갖고 있는 사람들이 많아졌다.

 **삽입**

1. 주절의 삽입

원래 전체 절을 이끌던 주절이 문장 가운데 삽입된 형태인데 콤마를 써서 구분해 준다.

Mr. Snider, **it seems**, is over seventy.
스나이더 씨는 70세가 넘어 보인다.

2. 부사절, 관계사절, 분사구문의 삽입

They are, **as far as I know**, very good friends.
그들은 내가 아는 한 매우 좋은 친구들이다.

The car, **which was running very slowly**, overtook my car.
매우 느리게 달리고 있던 그 차가 내 차를 따라잡았다.

3. 관용적 삽입 표현

There is little, **if any**, chance of winning the game.
설령 있다 하더라도, 그 경기에서 이길 확률은 거의 없다.

My girlfriend seldom, **if ever**, gives me any gift.
내 여자 친구는 혹시 있다 하더라도 선물을 주는 일이 거의 없다.

📞 if any는 '만약 있다고 할지라도'의 의미이며, if ever는 '~한다고 하더라도'의 뜻이다.

명사 수식어 어순

기본 다지기

1. **관사+(부사)+형용사+명사**

   There are several places in the world which are famous for people who live **a very long time.**

   장수하는 사람들이 사는 것으로 유명한 장소가 전 세계에 몇 군데 있다.

2. **-body[-thing/ -one]+형용사**

   She has never met **anybody friendly** here.

   그녀는 이곳에서 우호적인 어떤 사람도 만난 적이 없다.

3. **소유격+부사+형용사+명사**

   She is envious of **my particularly interesting project**.

   그녀는 나의 특히 흥미로운 프로젝트를 부러워한다.

4. **지시형용사[수량형용사]+부사+형용사+명사**

   I wasted my time in **that endlessly long line**.

   나는 저 끝이 보이지 않는 긴 줄에 서서 시간을 낭비했다.

5. **순서+수량+형태+색깔[재료]+명사**

   The first two big grey buildings are being renovated.

   첫 번째 커다란 회색 건물 두 개가 수리 중에 있다.

다음 밑줄 친 곳에 들어갈 말을 고르시오. (1~5)

1 Not only (does, is) the "leaf fish" look like a leaf, but it also imitates the movement of a drifting leaf underwater.

2 A: Do you think it will rain?

B: I (don't hope so, hope not).

3 How come (did you give, you gave) me the cold shoulder at the party last week?

4 Only after he had lost his health (did he realize, he realized) the importance of it.

5 No sooner (had the President finished, the President had finished) his speech before Congress than they gave him a standing ovation.

다음 문장에서 틀린 곳을 찾아서 고치시오. (6~10)

6 According to the text, what the first step is in creating marketing materials?

7 Not until reaching the summit he turned back to see me following behind.

8 It's your choice, but you can change if you want to do.

9 Little he knew that he was fueling his son with a passion that would last for a lifetime.

10 I don't think I broke any traffic laws nor I deserved a ticket for what I did.

정답

1 does
2 hope not
3 you gave
4 did he realize
5 had the President finished
6 the first step is → is the first step
7 he turned → did he turn
8 to do → to
9 he knew → did he know
10 I deserved → did I deserve

번역 및 해설

1 번역 '리프피시'는 나뭇잎처럼 보일 뿐만 아니라, 물속에서 떠다니는 잎의 움직임을 흉내 낸다.
해설 Not only가 문두에서 도치를 유도할 경우 일반동사 look 대신에 does가 주어 앞에 위치한다.

2 번역 A: 비가 올 것 같니?
　　　B: 안 오길 바라.
해설 hope을 이용해서 부정적인 뜻을 전달할 때 I hope not이라고 간단히 표현한다.

3 번역 지난주 파티에서 왜 그렇게 쌀쌀맞게 굴었던 거야?
해설 How come...?은 '도대체 왜 ~하니?'라는 의미로 〈주어+동사〉의 어순이다.

4 번역 그는 건강을 잃고 나서야 비로소 그 소중함을 알았다.
해설 Only가 이끄는 부사절이 문장의 앞에 있을 때 도치가 일어난다. 그러나 콤마로 연결된 경우에는 도치가 일어나지 않는다는 점에 유의한다.

5 번역 대통령이 의회에서 연설을 마치기가 무섭게 의원들은 기립 박수를 보냈다.
해설 부정어구인 No sooner가 문장의 앞에 있을 때 도치가 일어나므로 과거완료형 had가 주어 앞에 위치한다.

6 번역 이 글에 의하면, 마케팅 자료를 만드는 첫 단계는 무엇인가?
해설 직접의문문은 〈의문사+동사+주어〉 어순이다.

7 번역 그는 산 정상에 이르러서야 뒤따르는 나를 돌아보았다.
해설 부정어구 Not until이 문장의 앞에 있을 때 도치가 일어난다. turned는 일반동사이므로 시제에 맞추어 did를 주어 앞에 넣는다.

8 번역 그건 네가 선택할 문제지만, 네가 원하면 바꿀 수도 있다.
해설 대부정사에서 to 이후는 모두 생략한다.

9 번역 그는 아들에게 평생 지속될 열정을 불어 넣고 있다는 사실을 거의 알지 못했다.
해설 부정어 little이 문장 앞에 있으므로 did를 이용해서 주어와 동사를 도치시킨다.

10 번역 나는 교통 법규를 어긴 적도 없고, 딱지를 받을 만한 일도 저지르지 않았다고 생각한다.
해설 nor 뒤에는 도치가 일어난다. 시제에 맞추어 did를 주어 앞에 넣는다.

1 A : Do you believe what the guy said?
B : Never. I don't trust _____ says "Trust me."

(a) anyone
(b) anyone who
(c) who
(d) whomever

2 A : When should we start?
B : Well, how about traveling at night, _____ there are not many other cars?

(a) during
(b) then
(c) when
(d) at the moment

3 A : Would you help me with this report, please?
B : I'm sorry, I _____ .

(a) have today to leave early
(b) early have to leave today
(c) today have to leave early
(d) have to leave early today

4 A : I hope he can arrive by 7:00.
B : He'll try, but what _____ ?

(a) if the train he misses
(b) if the train misses him
(c) if he will be missed train
(d) if he misses the train

5 A : Why are you working for this company?
B : This is the only place _____ would give me a job.

(a) where
(b) at which
(c) in which
(d) that

6 A : Would you like to go have pizza or chicken?

B : _____ you choose.

(a) Which
(b) What
(c) Whichever
(d) Whoever

7 A : Chris is _____ lazy to write captions for the pictures right now.

B : That's just the way he is.

(a) too much
(b) much too
(c) quite many
(d) much as

8 A : Why don't you buy some apples?

B : No. They're still _____.

(a) enough ripe not to eat
(b) ripe enough not to eat
(c) not ripe enough to eat
(d) not enough ripe to eat

9 A : Only one of the suspects _____ to robbing the jewelry store.

B : Will he get lesser sentence?

(a) questioning confessed
(b) question for confession
(c) questioned to confess
(d) questioned confessed

10 A : May I have another cup of coffee?

B : Oh, sorry. There isn't _____ in the pot.

(a) left some coffee
(b) any coffee left
(c) any left coffee
(d) left the coffee

11 _____ how bad the situation of the country was.

(a) He has known few
(b) Little did he know
(c) Knew he a lot
(d) Never have

12 The monumental neo-classical architecture, most of which _____ carved from white limestone, is a notable tourist destination.

(a) is
(b) are
(c) being
(d) were

13 Happy _____ who is always reverent.

(a) be the man
(b) is of man
(c) a man is
(d) is the man

14 _____ a picture with the pop star.

(a) The ceremony take we could only after
(b) Only after the ceremony could we take
(c) We could take the ceremony only after
(d) Only the ceremony we could take after

15 We have had a long period of time with no rain, _____ may cause serious problems.

(a) what
(b) which
(c) that
(d) of which

16 The old man _____ was the victim of the accident.

    (a) who was drunk walking blind

    (b) who was walking drunk blind

    (c) who was drunk blind walking

    (d) who was walking blind drunk

17 _____ smart but also quite gorgeous.

    (a) Not only she is

    (b) Not only is she

    (c) Only not is she

    (d) Only not she is

18 _____ the voice of the actor that the audience was brought close to tears.

    (a) So the power of

    (b) So powerful

    (c) Such power

    (d) Such was the power of

19 _____ written by the author.

    (a) A third of the books was

    (b) Thirds of the books was

    (c) A third of the books were

    (d) Most third of the books were

20 The man is the person _____ to see.

    (a) I least want

    (b) least I want

    (c) want I least

    (d) want least me

MEMO

How to
TEPs

II Actual Test

Actual Test 1

Actual Test 2

Actual Test 3

Actual Test 4

Actual Test 5

OMR Sheet

ACTUAL TEST 1

GRAMMAR

DIRECTIONS

This part of the exam tests your grammar skills. You will have 25 minutes to complete the 50 questions. Be sure to follow the directions given by the proctor.

Part I Questions 1—20

Choose the best answer for the blank.

1. A: My laptop has broken again.

   B: Not again! It seems like it _____.

   (a) being broken always down
   (b) to be broken down always
   (c) is always breaking down
   (d) will always be broken down

2. A: Well, I thought your students would never make it.

   B: I urged _____ a day earlier than expected.

   (a) their doing
   (b) them into doing
   (c) them be done
   (d) them to be done

3. A: Lisa is already on the wrong side of forty.

   B: It's high time she _____ herself a husband and settle down.

   (a) finds
   (b) will find
   (c) found
   (d) has found

4. A: Could you find an answer to the problem in the book I gave you?

   B: I looked at it, but wasn't really _____ much use.

   (a) to
   (b) of
   (c) in
   (d) by

5. A: I appreciate _____ the boxes, Michael.

   B: You're quite welcome.

   (a) you helping me carrying
   (b) for you to help me carrying
   (c) you being helped me carry
   (d) your helping me carry

6. A: It looks like there was an accident here. What happened?

   B: A woman got out of a taxi, and _____ a motorcycle.

   (a) run over by
   (b) ran over by
   (c) is run over by
   (d) was run over by

7. A: What do you think of _____ to the position?

   B: I think he deserves it.

   (a) yourself being promoted
   (b) him being promoted
   (c) himself being promoted
   (d) that he being promoted

8. A: The weather of Korea is mild these days.

   B: Is the climate of Australia _____?

   (a) so much like Korea
   (b) similar like Korea
   (c) somewhat like that of Korea
   (d) very similar with those of Korea

9. A: Much more people have been coming. Are there extra chairs?

   B: Not _____ I know of.

   (a) that
   (b) what
   (c) which
   (d) whom

10. A: That's too bad that you had to declare bankruptcy.

    B: I _____ you before starting the business.

    (a) ought to consult to
    (b) should consult with
    (c) ought to have consulted with
    (d) shouldn't have consulted to

11. A: Have you seen my glasses?

B: Yes, I put them on the kitchen table, _____ Shawn play with them.

(a) so that
(b) because
(c) lest
(d) if

12. A: I am afraid to say. I don't feel like going to the reception.

B: _____, you can contact my secretary.

(a) You will change your mind
(b) If you changed your mind
(c) Were you change your mind
(d) Should you change your mind

13. A: I don't think we have enough to pay for it.

B: Wait. Let me check _____ money I've got left.

(a) that
(b) how
(c) what
(d) which

14. A: I have been waiting for an hour. You should have called if you were going to be late.

B: I'm terribly sorry. I _____ the battery of my cellular phone.

(a) regretted recharging
(b) regretted to recharge
(c) forgot recharging
(d) forgot to recharge

15. A: Are you guys prepared for the exam?

B: I'm not sure. I didn't study that much and _____.

(a) so did my roommate
(b) my roommate did so
(c) neither did my roommate
(d) my roommate did neither

16. A: Nobody would help me with the work, _____.

B: I don't think so.

(a) even if my best friend
(b) even not my best friend
(c) not even my best friend
(d) even though my best friend

17. A: I have had a sore throat for two weeks. I can't stand it anymore.

B: You'd better go to see a doctor and have _____.

(a) it examine
(b) it examined
(c) yourself examine
(d) itself examined

18. A: Where is Jake? He was here just a moment ago.

B: _____ so loudly frightened the boy away.

(a) You speak
(b) For you speak
(c) Your speech
(d) Your speaking

19. A: I can't _____.

B: Well, why don't you take it to an engineer, then?

(a) get my computer to be worked
(b) get my computer to work
(c) get my computer worked
(d) get my computer being worked

20. A: It is about time _____ your homework!

B: Can't I do it after this movie?

(a) you starting
(b) you will start
(c) you will have started
(d) you started

Part II **Questions 21—40**

Choose the best answer for the blank.

21. When I got to the meeting late, the plans for the project _____ to the attendees.

(a) were being presented
(b) are presented
(c) have been presented
(d) to be presented

22. Later she learned that Betty _____ a lot of money at a fancy department store.

(a) lose
(b) lost
(c) has lost
(d) had lost

23. Even though my test score is disappointing, I will not change my study method unless I really _____.

(a) need to do
(b) need doing
(c) need to
(d) need to be done

24. Johnson became _____ composer that people from all over the world came to hear his music.

(a) so great a
(b) such great
(c) so a great
(d) such great a

25. _____ agree to accept our proposal, we want you to meet our lawyer again.

(a) You should not
(b) Not should you
(c) Not you should
(d) Should you not

26. Since _____ by the reliable institute, the research can be used on your thesis.

(a) conducting
(b) your conducting
(c) conducted
(d) you conducted

27. Not until reaching the summit _____ back to see me following behind her.

(a) she turned
(b) did she turn
(c) have she turned
(d) she had turned

28. The Browns will move to a new house when Mr. Brown _____.

(a) will retire
(b) retires
(c) retire
(d) is retired

29. Having recovered from its financial crisis, fortunately our company now has more revenue than it _____.

(a) used to
(b) used for
(c) was used to
(d) was used to be

30. _____ reform the system disagree over the best solution to the U.S. health care crisis.

(a) Whoever want
(b) Those wanting
(c) Those who want to
(d) The people want to

31. With June _____, we need to set up a schedule for this year's summer vacation.

    (a) approaching
    (b) approached
    (c) approaches
    (d) of approaching

32. Only when they finish their assignments _____ several weeks of holiday.

    (a) we will get
    (b) we can get
    (c) can get they
    (d) can they get

33. It _____ me a fortune to send my daughters to dance classes.

    (a) costs
    (b) is costed
    (c) was costing
    (d) have cost

34. Your local agent will help you _____ which type of insurance coverage is best for your needs.

    (a) to be determined
    (b) be determined
    (c) determine
    (d) with determined

35. In the 21st century, trying to define a husband's role in a family is much more complicated _____ a wife.

    (a) as defining those of
    (b) than to define of
    (c) as to define
    (d) than defining that of

36. The lawyer is accused of running a drug trafficking network that earned _____.

    (a) with tens of million of dollars
    (b) of tens of millions dollars
    (c) tens of millions of dollars
    (d) tens of million dollars

37. The President has promised to take action after pirates kidnapped several crew members for ransom in _____ raids.

    (a) the number of
    (b) number of
    (c) a number of
    (d) numbers

38. These offer much less memory, usually under one gigabyte, but _____ in terms of compact size and numerous designs.

    (a) makes it up for
    (b) make up for it
    (c) makes up it for
    (d) make it up for

39. _____ I think that Jenny is not perfect in many respects, I actually like her.

    (a) Since
    (b) Despite
    (c) While
    (d) Because

40. During use of the vehicle, the renter must pay for insurance and assume liability for any damage _____.

    (a) which may have been occurred
    (b) that it may occur
    (c) that may be occurred
    (d) that may occur

Part III **Questions 41—45**

Identify the option that contains an awkward expression or an error in grammar.

41. (a) A: Jogging here in the woods is really great, isn't it?

(b) B: I suppose it's not the kind of thing I'd do regularly.

(c) A: But it's really refreshed to slip away from the everyday routine.

(d) B: Oh, I can't keep up with you much longer. I am about to collapse.

42. (a) A: I think I came down with something.

(b) B: Oh, you seem to be exhausted today.

(c) A: Yeah, but I have a lot to do at work.

(d) B: You'd better not to work for a day or two.

43. (a) A: This month's phone bill came in the mail today. I thought I was getting a discount, but I guess not.

(b) B: Yeah, mine was quite costly too. Maybe they're charging for incoming calls.

(c) A: Actually, I knew about that. But even still, I think the invoice shouldn't come out to this much. I'd better call the phone company and check on the details of my bill.

(d) B: I should do the same. At least their customer representatives are responsive.

44. (a) A: Hi, does a Jessie Wilson work here? I have a couple of boxes for her.

(b) B: You just missed her. She's left to attend a meeting, and it'll take about an hour.

(c) A: Would that be possible for you to sign for the delivery? If not, I could come back in two hours.

(d) B: I think I can sign for it. Let me find a pen.

45. (a) A: How come you always complain of Jack's ideas?

(b) B: I don't like his ideas much.

(c) A: Can't he raise some good points, though?

(d) B: Not in my opinion. They're all so absurd.

Part IV Questions 46—50

Identify the option that contains an awkward expression or an error in grammar.

46. (a) Humanity has demonstrated the worrisome ability to misuse technology for destructive purposes. (b) Mankinds already possess weapons of war sufficient to destroy all of civilization almost in a single day. (c) We cannot save ourselves from this threat just by banning high-tech war machines. (d) The one hope we have is that the fear of our own annihilation will always be enough to stop us from ever using our war machines in a disastrous way.

47. (a) Just before taking a long vacation flight, you may find oneself in last-minute preparations such as running errands or packing up the suitcase. (b) On the actual plane trip, you may relax while having your meals and watching an in-flight movie. (c) You may also sleep before finally getting to your destination, perhaps a tourist mecca such as London or Paris. (d) Then you would be all ready to spend the day to sightsee and taking pictures.

48. (a) The societal standard for judging female beauty may be to consider large women as attractive while skinny women are less so. (b) The large size of a woman may be taken to indicate a certain level of wealth in her family. (c) On the other hand, some societies see fatness as undesirable and so people eat less and try to be remained thin. (d) Additionally, people in some cultures tan themselves to darken their skin while other cultures prefer a fairer complexion.

49. (a) Professional sports teams have recently been added an additional member to their roster – a nutritionist. (b) Managers and coaches are finding that the diet of the players has an effect on athletic performance. (c) And this lesson applies not only to the lives of top athletes. (d) People in everyday life can readily witness the decreased energy available for any sort of activity simply from skipping a meal or two.

50. (a) Thermal pollution of water is the result of power plants and factories employing water in their operation and then sending it back out into nature. (b) Heating up water changes its property by reduce the oxygen content. (c) This side effect negatively impacts all life in the water, although the seriousness of this is little studied. (d) People for the most part have been assuming that the importance of industry outweighs the harm caused by the added heat.

ACTUAL TEST 2

TEPS

GRAMMAR

DIRECTIONS

This part of the exam tests your grammar skills. You will have 25 minutes to complete the 50 questions. Be sure to follow the directions given by the proctor.

Part I Questions 1—20

Choose the best answer for the blank.

1. A: I'm sorry. I can't sell you the camera. My friend offered to buy it first.

B: But I'll give you _____ money he offered.

(a) as double much
(b) double as much
(c) the double
(d) double the

2. A: _____ after graduating next year?

B: She'll probably start writing her first novel.

(a) Do you suppose what she'll do
(b) What do you suppose she'll do
(c) Do you suppose she'll do what
(d) What are you supposed she'll do

3. A: What _____ your parents for this year's Thanksgiving Day?

B: Slim, I'm afraid. What about you?

(a) are the odds on your visiting
(b) are the odds what makes you to visit
(c) odds do you have to be visited
(d) odds are you visiting to

4. A: You should insure your car _____.

B: I will. Thank you for your advice.

(a) in case it will be stolen
(b) in case it is stolen
(c) unless it will be stolen
(d) if it is to be stolen

5. A: So how was your weekend, Ben?

B: I wanted to hit the clubs with my girlfriend but she was _____.

(a) tired enough to go out
(b) enough tired to go out
(c) too tired that she could not go out
(d) so tired that she could not go out

6. A: Charles is taller than _____ football player on his team.

B: I couldn't agree with you more!

(a) any other
(b) all other
(c) any of
(d) all of the

7. A: How long _____?

B: Only for one week.

(a) have you been working here
(b) have you been worked here
(c) are you being worked here
(d) have you working here

8. A: They say that you need to prepare your own presentation equipment.

B: Oh, no. I'd rather _____ a lot of money on that.

(a) not to spend
(b) not spend
(c) spend not
(d) spend not to

9. A: Do you know the location _____?

B: Let me see. I will show you the direction in the map.

(a) where is the nearest bank
(b) where the nearest banks are
(c) where the nearest bank is
(d) where are the nearest bank

10. A: There is no good view from my room. Can I have a different one?

B: Sure. We have a room _____ a great view of the ocean.

(a) command
(b) commanded
(c) to command
(d) commanding

11. A: What do you say _____ this weekend?

B: Sounds good. Where do you have in mind?

(a) go fishing
(b) to go fish
(c) going to fish
(d) to going fishing

12. A: Weren't you supposed to be in New York by now?

B: I couldn't get there because the company objected _____ travel expenses.

(a) to reimbursing
(b) to reimburse
(c) to being reimbursed
(d) to be reimbursing

13. A: This play sucks. I just can't stand it anymore.

B: Me, neither. I'd rather _____ home watching TV, instead.

(a) be
(b) not be
(c) is
(d) like

14. A: What happened last night?

B: When I returned home, I found the door open and valuable things _____.

(a) to steal
(b) stealing
(c) stole
(d) stolen

15. A: I've been waiting more than a week. How often do they deliver mail?

B: That's strange. It is usually delivered _____.

(a) every other day
(b) every two day
(c) every second days
(d) every other days

16. A: What was the weather like in Seoul during your vacation?

B: There was _____ that I spent every day going sightseeing.

(a) such a lovely weather
(b) so a lovely weather
(c) such lovely weather
(d) very lovely weather

17. A: You need not warm up the engine yet.

B: Really? That's not _____.

(a) what I told
(b) what I was told
(c) that I told
(d) that I was told

18. A: Taking care of children _____.

B: You can say that again.

(a) always feel like a never-ending process
(b) always feeling like a never-ending process
(c) always feels like a never-ending process
(d) feels always like a never-ending process

19. A: Did you receive _____?

B: Yeah, we did, but the goods you sent us are defective.

(a) that last shipment we sent on time
(b) that we sent last shipment on time
(c) we sent that last shipment on time
(d) on time we sent that last shipment

20. A: My SUV is out of order again.

B: I think you'd better get it _____ at the garage.

(a) repair
(b) repaired
(c) to repair
(d) repairing

Part II **Questions 21—40**

Choose the best answer for the blank.

21. I wish I _____ today off to go shopping for at least a few hours!

    (a) can take
    (b) will take
    (c) could take
    (d) have taken

22. Tom is having _____ ends meet since his salary has decreased.

    (a) trouble to make
    (b) a trouble make
    (c) trouble making
    (d) a trouble made

23. There have been so many changes in our society in the last ten years that it's really hard _____.

    (a) knowing which is caused by what
    (b) to know what is causing what
    (c) to know that caused by it
    (d) knowing what causes it

24. There were few, _____, actors who could understand movies as well as Harrison Ford did.

    (a) although
    (b) nonetheless
    (c) if any
    (d) if not any

25. The C&G company requires all new international employees _____.

    (a) have their English to be evaluated
    (b) have their English evaluated
    (c) to have their English evaluated
    (d) to have evaluated their English

26. This test is targeted primarily at those _____ first language is not Korean.

    (a) whose
    (b) which
    (c) who
    (d) that

27. Since Jim has bought a fancy house, he will also buy _____ expensive furniture.

    (a) many
    (b) a lot of
    (c) a few
    (d) quite a few

28. Photos taken by famous photographers are beautiful and for _____ extremely artistic.

    (a) almost
    (b) almost the
    (c) most of the
    (d) the most part

29. The new director proposed that _____.

    (a) the number of employees in each department doubled
    (b) the number of employees in each department was doubled
    (c) the number of employees in each department be doubled
    (d) to double the number of employees in each department

30. New diseases can be found even in sites _____ pristine.

    (a) considering to be
    (b) considered
    (c) being considered as
    (d) considered as

31. I couldn't control the direction in which the big tree fell, so when the trunk started to break, I dived into _____.

    (a) near of the water
    (b) near to the water
    (c) the nearly water
    (d) the water nearby

32. If they _____ what was about to happen, they would have changed their plans.

    (a) have known
    (b) had known
    (c) had been known
    (d) have been known

33. By the time the manager _____ to her office, I will have finished the outline of the story already.

    (a) comes
    (b) came
    (c) come
    (d) have come

34. Statistics _____ that more than 30 million people in areas like Africa and Central America are suffering from malaria.

    (a) shows
    (b) show
    (c) shown
    (d) showing

35. I think her strong will was one of _____ for her success.

    (a) the most main reasons
    (b) the most main reason
    (c) the main reasons
    (d) the main reason

36. Only natives living in Saudi Arabia can visit the holy city of old Jeddah because the city is not open to tourists, _____ the sense of secrecy.

    (a) that adds to
    (b) who adds
    (c) they add
    (d) which adds to

37. _____ by the unexpected accident, Nancy fell silent, not knowing what to do next.

    (a) Having stunned
    (b) Stunned
    (c) Stunning her
    (d) Having been stunning

38. I would be rich now _____ all the money I invested in the stock market.

    (a) had I not lost
    (b) if I didn't lost
    (c) if I have not lose
    (d) did I not lost

39. Since workers working for a small company do not belong to any union, they _____ fired at any time.

    (a) shall be
    (b) must have
    (c) should have
    (d) can be

40. When Linda realized that the feminist movement was very aggressive, she _____ and look into something different.

    (a) began moving from it away
    (b) began to move away from it
    (c) was begun to move away from it
    (d) began to moving away from it.

Part III Questions 41—45

Identify the option that contains an awkward expression or an error in grammar.

41. (a) A: Ah, the final day of class have arrived at last!
    (b) B: I wonder what we're going to do today.
    (c) A: I think we'll have another boring lecture.
    (d) B: We might be lucky enough to have a big party.

42. (a) A: My son offered a new position in the place where he works.
    (b) B: Good for him. Let's celebrate.
    (c) A: Not so fast! He does have a problem, though.
    (d) B: Really? What is the problem?

43. (a) A: Who do you think is the most suitable speaker for the seminar?
    (b) B: Overcoming difficulties, I choose Michael Kozdon.
    (c) A: Well, how about Jason? He does know the atmosphere of our company.
    (d) B: I still think we should go for Michael. Besides, he is a well-known writer.

44. (a) A: Good afternoon. How can I help you, sir?
    (b) B: I'd like a single room with a lake view. Is there one available?
    (c) A: Of course. It's $100 per night. How long are you going to stay?
    (d) B: Just for the night. Could you give me wake-up call at 6:30 tomorrow morning?

45. (a) A: I don't know how to wear for the party.
    (b) B: How about the white dress you got last year?
    (c) A: I don't know. Don't you think it's too old-fashioned?
    (d) B: You could go and get a new one for the occasion, then.

Part IV Questions 46—50

Identify the option that contains an awkward expression or an error in grammar.

46. (a) As an agricultural commodity, coffee beans are the top export for a dozen countries worldwide. (b) Nevertheless, controversy surrounds the cultivation of this crop and it's injury to the land. (c) In , studies warn of the health risks associated with the over-consumption of the beverage. (d) Whether the whole economic cycle of growing and trading and drinking coffee is really worth it is an ongoing debate in some circles.

47. (a) A study at the University of Colorado shows evidence of a fundamental difference in the lies told by men and women. (b) Women are seen as telling more lies which attempt to make others feel better. (c) For instance, women may say that a meal tastes delicious when, in fact, it really doesn't. (d) On the contrary, men tend to lie to build them up or to hide a certain fact from others.

48. (a) Thanks for your supplying information on your opportunity for real estate investment. (b) Though it does look like a great deal, I am unfortunately not in a position now to take advantage of it. (c) However, I did send your prospectus along to my colleague in Austin who may very well be interested. (d) I'm sure you find the capital you need to invest in your venture and wish you all the success in the world.

49. (a) There is no doubt that rock music is popular and widely enjoyed in today's society. (b) But some might step back and question the overall impact it has on people. (c) To say that the so-called negative influence of rock music is responsible for harming its listeners is difficult to prove. (d) But it may not be too much to say that some rock musicians concern only with their own popularity and nothing else.

50. (a) One of the proudest memories from my youth was the time I recited a long poem at my school for a Thanksgiving play. (b) It was an annual event at my elementary school and all the parents would come to watch. (c) My fourth grade teacher Mrs. Hunt asked me to recite a poem during the play that year. (d) I was glad to do it because I loved all the attention I would receive in front of large audience.

ACTUAL TEST 3

GRAMMAR

DIRECTIONS

This part of the exam tests your grammar skills. You will have 25 minutes to complete the 50 questions. Be sure to follow the directions given by the proctor.

Part I **Questions 1—20**

Choose the best answer for the blank.

1. A: He is still in line _____ by the writer.

   B: I was sure he would have been done by now.

   (a) for his book to autograph
   (b) to get his book to be autographing
   (c) to get his book autographed
   (d) getting his book to autograph

2. A: I have never seen such great scenery.

   B: _____. It's amazing!

   (a) So have I
   (b) Neither have I
   (c) Nor haven't I
   (d) Neither did I

3. A: What does your boyfriend look like, Jenny?

   B: He is pretty tall _____.

   (a) in short, dark brown hair
   (b) in dark, brown, short hair
   (c) with dark brown, short hair
   (d) with short, dark brown hair

4. A: The problem is that your Spanish isn't _____.

   B: I know. I need to improve my Spanish before I start my job.

   (a) enough well for this position
   (b) enough good to this position
   (c) well enough for this position
   (d) good enough for this position

5. A: What do you think of the style of the dress?

   B: It's great. It will _____.

   (a) go nice with the shoes
   (b) go nicely with the shoes
   (c) go nicely the shoes
   (d) go nice in the shoes

6. A: Every _____ couple is getting married through matchmakers in Korea.

   B: That sounds strange to me.

   (a) the second
   (b) twice
   (c) second
   (d) two

7. A: What's wrong with the car? You have been struggling with it for hours.

   B: I don't know why but it _____.

   (a) would not start
   (b) won't start
   (c) doesn't start
   (d) shouldn't start

8. A: Never before _____ rallied to protest in front of the municipal office.

   B: They demanded that the government change its unpopular policy.

   (a) people so many have
   (b) so many people have
   (c) have so many people
   (d) people have so many

9. A: Are you going to be busy this afternoon?

   B: No. All I have to do _____ the report.

   (a) turn in
   (b) are turning in
   (c) turns in
   (d) is turn in

10. A: Your grade on the final-term exam is not so good.

    B: That's true. If I had studied harder, I _____ now.

(a) had a better grade
(b) might had a better grade
(c) might have a better grade
(d) might have had a better grade

11. A: Let's go and see a movie tonight, shall we?

B: I'm flat broke. I'm having difficulty _____ ends meet these days.

(a) to make
(b) making
(c) of making
(d) make

12. A: Do you mind if I turn on the TV?

B: Yes. I'd rather you _____.

(a) won't
(b) do not
(c) didn't
(d) not do

13. A: I left an important page out in my presentation. I wish I _____ it in advance.

B: That's O.K. You did your best.

(a) had checked
(b) checked
(c) have checked
(d) would check

14. A: I think all the employees should be given _____.

B: Yeah, they are working too much.

(a) off a day from their work
(b) from their work a day off
(c) a day off from their work
(d) from their work an off day

15. A: I didn't know you could make yourself _____ in Chinese.

B: Actually, I lived in China for ten years.

(a) understand
(b) understood
(c) to understand
(d) understanding

16. A: Did the audience like my performance?

B: Yes, I heard them talk of it as _____.

(a) interest
(b) interested
(c) interesting
(d) interestingly

17. A: Mr. Palmer is a heavy smoker.

B: Well, he used to smoke more than he _____ now.

(a) could
(b) has
(c) does
(d) do

18. A: Did the boys bother the girl with their attention?

B: No, but as they talked she grew _____.

(a) shy
(b) shyly
(c) shied
(d) shying

19. A: Can you show me how to use this copy machine?

B: Okay, I'll be _____ you in a minute.

(a) to
(b) for
(c) with
(d) on

20. A: David, did you see the whole opera?

B: No, when I got to the theater, they were already playing _____

(a) act two
(b) second act
(c) the act second
(d) the act two

Part II   **Questions 21—40**

Choose the best answer for the blank.

21. How do you get your child _____ the computer too much?

(a) not using
(b) for not using
(c) not use
(d) not to use

22. _____ some parts were a bit strange, the performance was fantastic overall.

(a) As
(b) Despite
(c) Although
(d) In spite of

23. Dr. Collins, _____ for his theory of evolution, gave the speech.

(a) acclaims
(b) acclaimed
(c) to acclaim
(d) acclaiming

24. The number of fatalities from car accidents involving passengers _____ since 2001.

(a) is steadily decreased
(b) were steadily decreased
(c) has steadily decreased
(d) have steadily decreased

25. _____ was a well-known fact.

(a) The Brazilian team as being strong
(b) As the Brazilian team was strong
(c) That the Brazilian team was strong
(d) Whether the Brazilian team was strong

26. Anyone who may have seen the missing dog _____ to call the police.

(a) asked
(b) is asked
(c) is being asking
(d) have been asked

27. If anyone feels uncomfortable with our customer service, he/she can call _____ is in charge.

(a) who
(b) whom
(c) whoever
(d) whomever

28. _____ I passed the entrance exam, I have tried to prepare for my first semester.

(a) As if
(b) Since
(c) From
(d) While

29. Jimmy _____ missed the subway or he would surely be here by now.

(a) would be
(b) must have
(c) would have
(d) must be

30. The North Korean government does not provide _____.

(a) the population for food enough
(b) enough food by the population
(c) enough food with the population
(d) the population with enough food

31. _____ his soldiers would come back utterly defeated.

(a) Little thought the general that
(b) Little did the general think that
(c) The general think little
(d) Little the general thought that

32. It is recommended that the committee _____ their case.

(a) finish deciding
(b) finishes to decide
(c) finished deciding
(d) finished to decide

33. _____, Ronald helped his son make a business plan.

(a) His son's desire impressed to succeed
(b) That impressed his son's desire to succeed
(c) Impressed by his son's desire to succeed
(d) Impressing by his son's desire to succeed

34. I withdrew my savings account that I _____ for my daughter's marriage.

(a) was saved
(b) have saved
(c) had saved
(d) had been saved

35. Mr. Peterson was about to leave the office _____ he remembered there was a marketing meeting at 7 p.m.

(a) when
(b) while
(c) or
(d) during

36. Julia's winter holiday in Canada led to _____ a Canadian.

(a) her marry with
(b) her married to
(c) her marryed
(d) her marrying

37. Defeated in court, the man _____ to the charge of driving while intoxicated.

(a) pleading not guilty
(b) pleaded not guilty
(c) being pleaded guilty
(d) was pleaded guilty

38. If the survivor of the plane crash had been brought to the emergency center sooner, we _____ able to save his life.

(a) should have been
(b) might be
(c) might have been
(d) would not been

39. Although the typhoon swept through this city, _____ was done.

(a) a little damage
(b) a few damage
(c) few damages
(d) little damage

40. Researchers found that after contacting the female flower, _____.

(a) sperm is produced by pollen
(b) it is pollen that produces sperm
(c) pollen produces sperm
(d) there are pollen and sperm produced

Part III Questions 41—45

Identify the option that contains an awkward expression or an error in grammar.

41. (a) A: Wow, That blue shirt looks great on you.
(b) B: Really? I got one from my pupils as a birthday present.
(c) A: When was your birthday? It didn't ring a bell to me.
(d) B: Yesterday.

42. (a) A: Which do you think is better, coffee or tea?
(b) B: That's a tough question. But in my opinion, coffee is better.
(c) A: Why is that?
(d) B: It decreases the sleepiness.

43. (a) A: Susan! How was your trip?
(b) B: It was great. I made some last-minute adjustments, though.
(c) A: Oh, I thought you had it all plan out before you left.
(d) B: I did, but I changed my mind when I got there.

44. (a) A: I had my new bicycle disappear on me. Can you believe it?
(b) B: Really? You must have left your bike locked.
(c) A: Right. I must have forgotten to secure my bike.
(d) B: Did you call dad to pick you up?

45. (a) A: Your copier is good for nothing. Why don't you buy a new one?
(b) B: Well, I can't afford it.
(c) A: You're not that poor, are you?
(d) B: Of course not, but nobody knows what will be happened in the future.

Part IV Questions 46—50

Identify the option that contains an awkward expression or an error in grammar.

46. (a) Different theories on economics can offer us different possible solutions to an economic crisis. (b) But almost always someone at some point must sacrifice something in the process. (c) Obviously no one is very eager to suffer a personal loss themselves and our democracy forbids us from forcing anyone else shoulder this burden. (d) Because people can disagree on the right solution to a crisis, coming up with economic policies can sometimes be quite difficult.

47. (a) Americans typically are general friendly and open-minded to each other and to foreigners. (b) They can be generous with their time and effort in helping someone in need. (c) A democratic attitude that acknowledges and listens to diverse opinions is often displayed. (d) On the downside, associations and friendships may be of a shallow nature and tolerance of opposing views may find its limit even in an otherwise very tolerant American.

48. (a) Advertisers and the media often show women who are slender as an ideal for beauty. (b) Even ads for high-calorie products such as beer features thin ladies wearing revealing clothing. (c) Is it any wonder that young girls are insecure about their bodies even if a little fat is apparent on them? (d) Eating disorders such as anorexia and bulimia are a social problem among women, most likely a result of this media bias.

49. (a) Computer technologies have brought us great gains but along with those gains have come new threats. (b) Software security is an issue and computer viruses have attacked and compromised computers and networks in companies, schools, and in the home. (c) These viral programs can sneak in undetected through the web or be hidden in websites or emails. (d) They bypass the computer's normal operating software and can be deleted or alter files.

50. (a) Those who would learn a foreign language well do not passively wait for the opportunity to use that language. (b) They actively seek out speakers of the language and even request corrections to their mistakes. (c) They are not afraid to try any means necessary to practice communicating in the new language. (d) Never are they afraid to repeat that they hear or use new words they've learned, even if it means they make a mistake or two.

ACTUAL TEST 4

GRAMMAR

DIRECTIONS

This part of the exam tests your grammar skills. You will have 25 minutes to complete the 50 questions. Be sure to follow the directions given by the proctor.

Part I   **Questions 1—20**

Choose the best answer for the blank.

1. A: Sally wants to sell you her used car.

    B: I know. She's already suggested

    _____.

    (a) me that
    (b) that me
    (c) to me that
    (d) that to me

2. A: We cannot afford to spend a lot of money buying a new car.

    B: But this is _____ to pass up.

    (a) too a good opportunity
    (b) too good opportunity
    (c) too good an opportunity
    (d) a too good opportunity

3. A: What's the matter?

    B: I had trouble with my digital camera but finally managed _____.

    (a) getting started it
    (b) to get it started
    (c) to get starting it
    (d) it to get starting

4. A: Coffee that has caffeine in it actually drains water from the body.

    B: So _____ tea.

    (a) be
    (b) do
    (c) is
    (d) does

5. A: What did you think of the last applicant?

    B: She _____ for the position.

    (a) seemed overqualified
    (b) seemed to overqualify
    (c) looked overqualifying
    (d) looked having overqualifying

6. A: _____ your help, I wouldn't be here now.

    B: I am glad I could be of help.

    (a) If it were not
    (b) Had it not been for
    (c) If it had not been
    (d) Were it not

7. A: Jack as a child never listened to me!

    B: I know what you mean. It seems that the older he got, _____.

    (a) more stubborn he became
    (b) the more stubborn he became
    (c) the more he became stubborn
    (d) he more became stubborn

8. A: It's too bad that John is getting a divorce.

    B: What? He _____ to Jennifer for more than thirty years!

    (a) has married
    (b) has been married
    (c) got married
    (d) was marrying

9. A: What do you think is the problem with the building?

    B: The building needs _____.

    (a) to be renovated
    (b) to renovate
    (c) being renovating
    (d) having renovated

10. A: The two companies are to merge.

    B: Yes. And the merger will create the world's biggest IT company with _____ revenues of $ 70 billion.

    (a) combine
    (b) combined
    (c) combining
    (d) combines

11. A: _____ on a picnic at Expo Park this Saturday?

B: Sounds good. I was about to suggest that to you.

(a) How do you say to go
(b) What do you say to going
(c) How do you say going
(d) What do you say to go

12. A: I have a big tennis match this next week.

B: Good luck! Let me know _____.

(a) result
(b) a result
(c) results
(d) the result

13. A: What did the boss ask you?

B: He asked _____ our project.

(a) me that we were doing for
(b) me how we were doing with
(c) that we were doing with
(d) how were we doing for

14. A: What did you do last night? It was so noisy upstairs.

B: It _____ me. I was out all last night with my friends.

(a) mustn't have been
(b) couldn't have been
(c) shouldn't have been
(d) ought not to be

15. A: Here is your passport.

B: Thanks, I thought you _____ it to me.

(a) forgot bringing
(b) were forgotten bringing
(c) have forgotten to bring
(d) had forgotten to bring

16. A: When will the bus leave?

B: It _____ very soon.

(a) will be left
(b) does leave
(c) is leaving
(d) has left

17. A: How long have you been in Korea?

B: By the end of this year, I _____ here two years.

(a) am being
(b) will be
(c) would be
(d) will have been

18. A: Do you know where Tony is from?

B: _____ from his accent, I would say he's from the West.

(a) Judging
(b) Judged
(c) Having judged
(d) Having been judged

19. A: He was robbed of his car and, _____, he found that his car was completely wrecked.

B: Really? That's terrible!

(a) what is worse still
(b) still worse what is
(c) what still is worsely
(d) what worse is still

20. A: Could you check whether there is _____ on flight 702?

B: Sure. Hold on.

(a) room
(b) a room
(c) rooms
(d) the room

Part II   Questions 21—40

Choose the best answer for the blank.

21. _____ Mark before, I don't know
him.

(a) Not having met
(b) Having been met
(c) Having met not
(d) As I having not met

22. The nutritional quality of fast food
_____ the last three decades.

(a) has improved over
(b) had improved at
(c) was improved by
(d) will have improved to

23. After more than 15 years of war,
_____ yearning for peace.

(a) the majority of the population is
(b) the majority of the population are
(c) the majorities of the population is
(d) the majorities of the population are

24. The manager wanted it _____
double-spaced.

(a) type
(b) typed
(c) to type
(d) being typed

25. I had hardly locked the door when the
handle _____.

(a) is broken
(b) was breaking
(c) broke
(d) in breaking

26. The two groups had lived in perfect
amity for many years _____ the
recent troubles.

(a) before
(b) since
(c) ago
(d) from now

27. _____ the office last is responsible
for setting the security system.

(a) For whom leave
(b) For whom leaves
(c) Whoever leaves
(d) Whoever leave

28. Large amounts of _____ to students
can aid them in their studies.

(a) available information
(b) information available
(c) available informations
(d) informations available

29. Those who do obtain a job abroad may
find _____ to the foreign culture.

(a) hard it to adapt
(b) hard adapting
(c) it hard to adopt
(d) it hard to adapt

30. My father wished that one of his
children _____ a professor.

(a) become
(b) becomes
(c) had become
(d) has become

31. The fire fighters reacted quickly to the alarm in an attempt to keep the fire _____ to nearby buildings.
    (a) to spread
    (b) spreading
    (c) from spreading
    (d) with spreading

32. Giving workers higher salary is more practical than _____ money on a new facility.
    (a) spend
    (b) spends
    (c) spending
    (d) to spend

33. Peter has _____ as you do.
    (a) three times as much money
    (b) as much money three times
    (c) three time as much money
    (d) third times as much money

34. A picture book offers a way _____ to appreciate books.
    (a) the infant
    (b) for the infant
    (c) of the infant
    (d) with the infant

35. Football became widely popular in the 1960s, and people found it so enjoyable that it was known _____ the public game.
    (a) as
    (b) for
    (c) by
    (d) to

36. Beginning as a small snack bar, my father's shop has _____ into a famous restaurant in the neighborhood.
    (a) ever been grown
    (b) farther grown
    (c) been grown
    (d) since grown

37. The tragedy _____ avoided if the teachers had followed the safety procedures.
    (a) can be
    (b) should be
    (c) could have been
    (d) should have been

38. This recipe is a family secret that _____ down through the generations.
    (a) has been passed
    (b) had been passed
    (c) is passing
    (d) had passed

39. The idea _____ any business can directly reach a final consumer is changing the relationship between producers and consumers.
    (a) which
    (b) that
    (c) why
    (d) where

40. Melissa wanted to buy more groceries, which _____ impossible for she didn't have enough money.
    (a) was
    (b) is
    (c) had been
    (d) have been

Part III Questions 41–45

Identify the option that contains an awkward expression or an error in grammar.

41. (a) A: What do you think is the real problem with her major?

(b) B: She doesn't have an interest in her major at all.

(c) A: Gosh! Since she can't change her major till next year, what will she do?

(d) B: I don't know. She regrets she didn't follow your advice to not choose it.

42. (a) A: Could you lend me your car?

(b) B: Again? You had an accident with it before.

(c) A: I know. But it's an emergency.

(d) B: OK, but this is a last time.

43. (a) A: Can you tape the statistics class this morning for me?

(b) B: Why? Aren't you going to come to the class?

(c) A: No, I suppose to pick up my brother at the airport at 10.

(d) B: Okay, but you have to buy me lunch tomorrow.

44. (a) A: A round ticket to Stratford-upon-Avon, please.

(b) B: Sure, here you are. Twenty pounds, please.

(c) A: Do I have to change train in Lemington?

(d) B: No, you can go direct.

45. (a) A: You are looking tired after the long flight.

(b) B: Yes, I was sitting in my seat for 13 hours.

(c) A: Then, why don't you wait here? I'll get the car.

(d) B: Actually, if you don't mind, I'd like to walk a bit.

Part IV Questions 46—50

Identify the option that contains an awkward expression or an error in grammar.

46. (a) Suppose a thief wanted to rob a house which had a watchdog guarding it. (b) The thief may try to distract the watchdog with a piece of meat so that it doesn't bark and alert the homeowner of the robbery. (c) The watchdog may or may not fall for the trick but the analogy to be drawn here is with men and bribes. (d) Taken a lesson from the story, a wise man is cautious about taking a bribe.

47. (a) Not a people widely known for their using many cosmetics, the ancient Greeks nonetheless occasionally lightened the color of their hair. (b) One of the most common methods for doing this was to use sunlight. (c) They would apply certain ointment after they washed their hair and then simply sit in the sun. (d) Other than this small display of vanity, they apparently did not use much makeup to beautify themselves.

48. (a) The composer Richard Wagner was a man of great conceit. (b) Only in a rare moment he looked at the world apart from his personal interest in it. (c) He gave others the impression that he believed himself to be the most important person in the world. (d) As a supreme thinker and composer, he would only have an equal among the greats such as a Shakespeare, a Beethoven, or a Plato.

49. (a) Research satellites orbit the Earth collecting and transmitting data for scientists to study. (b) They advance the field of space science by observing the sun, planets, and stars from above the atmosphere. (c) Weather satellites monitor the weather of our planet to allow for learning of its patterns and trends. (d) Forecasts made from this information let us know what will the weather be like tomorrow.

50. (a) Horses in the wild normally run on grass with their hoofs. (b) But work horses typically need special horse shoes if they want to walk on hard roads where their drivers take them on. (c) Basically these roads are too dry and will eventually sap all the moisture from the horse's hoofs, leading to problems. (d) Hoofs are used to lots of moisture in nature, for example from the morning dew on grass.

ACTUAL TEST 5

GRAMMAR

Part I Questions 1—20

Choose the best answer for the blank.

1. A: _____ all the money he invested in the stock market, Martin would be rich now.

   B: He should have listened to your advice.

   (a) Did he not lost
   (b) If he did not lose
   (c) If he does not lose
   (d) Had he not lost

2. A: How's your father doing these days?

   B: Well, he isn't able to take care of himself. He needs _____.

   (a) to be looking after
   (b) having been looked after
   (c) looking after
   (d) to look after

3. A: Your girlfriend should have attended your graduation ceremony.

   B: That's all right. I _____ her around.

   (a) used to not have
   (b) used not to have
   (c) am not used to have
   (d) am used to not having

4. A: Taking the train to Washington would cost much more than driving there.

   B: You're right. All things considered, I think we _____ with the car.

   (a) are off well
   (b) are better off
   (c) are the better for
   (d) go off the better

5. A: Would you mind if I asked you _____ in front of my house?

   B: Of course not. Just let me know where you live.

   (a) to pick me up
   (b) pick me up
   (c) to pick up me
   (d) picking up me

6. A: Does Mary know about the farewell party for Simon at your place?

   B: Yes. I saw _____ it with him.

   (a) she discuss
   (b) her to discuss
   (c) her discussing
   (d) her discuss about

7. A: Did you read the two essays I showed you yesterday?

   B: I _____ of them, but I'm going to read them today.

   (a) haven't read none
   (b) haven't read neither
   (c) have read none
   (d) have read any

8. A: Would you like me to go to the station with you?

   B: No, you _____ there.

   (a) need no to go
   (b) need not go
   (c) do not need go
   (d) not need go

9. A: He shouldn't drive while _____.

   B: Yes, that's why I will drive instead of him.

   (a) he intoxicated
   (b) intoxicating
   (c) he intoxicate
   (d) intoxicated

10. A: I can't find my shirts.

    B: Are these black ones _____ you're looking for?

(a) where
(b) that
(c) what
(d) which

11. A: My father expects me _____ harder. That makes me feel quite stressed.

B: Yeah, I can understand your situation.

(a) study mathematics
(b) to study mathematics
(c) studying mathematic
(d) to studying mathematic

12. A: Have you ever borrowed money from Janet?

B: No, I haven't. _____.

(a) Neither I will intend to
(b) Never could I intended to
(c) Neither will I intended to
(d) Neither do I intend to

13. A: Do you think she'll come on time for a change?

B: _____ that she'll be late as usual.

(a) Chances are
(b) The chance is
(c) A chance is
(d) Chances are

14. A: Did you hear what Susan decided to do about the guy she met yesterday?

B: Yes. I find _____.

(a) it amazed that she turned down him
(b) amazing that she turned him down
(c) it amazing to turn down him
(d) it amazing that she turned him down

15. A: Congratulations! You finished the project.

B: Thanks. I really owe _____.

(a) for my wife to help me
(b) my wife to help me
(c) my wife for helping me
(d) for my wife for helping me.

16. A: Where is your bike? Didn't you say it was broken?

B: I had Mike _____ my bike.

(a) fix
(b) fixed
(c) to fix
(d) fixing

17. A: Jack, which of these hats are you interested in?

B: Well, neither of them _____ good to me.

(a) are looking
(b) looks
(c) is looked
(d) are looked

18. A: It is said that Bukhan Mountain is famous for its many species of insects.

B: But many species there _____ by pollution these days.

(a) is being threatened
(b) are being threatened
(c) have threatened
(d) are threaten

19. A: How about a fishing trip this weekend?

B: No, thanks. I prefer _____ a rest instead.

(a) to take
(b) to be taken
(c) to have taken
(d) having taken

20. A: Some people say that a husband and wife _____ each other.

B: Yeah, I think so, too.

(a) resemble
(b) are resembled
(c) has been resembled
(d) have been resembled

Part II **Questions 21—40**

Choose the best answer for the blank.

21. _____ to the conference room than he realized he forgot to bring his report on the project.

(a) No sooner had Johnson gotten
(b) No sooner Johnson had gotten
(c) Johnson no sooner gotten
(d) Johnson had gotten sooner no

22. It might rain this weekend, _____ case we will have to put off our picnic.

(a) when
(b) for that
(c) at which
(d) in which

23. _____ technology, the filmmakers can now create spectacular effects.

(a) Helped by
(b) In being helped
(c) With the help of
(d) By helping of

24. The landlord of the office building demanded that a three-month security deposit _____ in advance.

(a) be paid
(b) was paid
(c) to be paid
(d) having been paid

25. _____, economics is my favorite one.

(a) All class of subjects
(b) All of class subjects
(c) Of all class subjects
(d) Subjects of all class

26. If you had needed words, we _____ in Philadelphia now.

(a) were
(b) could be
(c) had been
(d) could have been

27. Classical architecture was influential during the Renaissance, with its principles _____ in many new buildings.

(a) being used
(b) having used
(c) to being used
(d) to have been used

28. In most countries it is mandatory _____ their seatbelts while driving.

(a) for drivers to fasten
(b) drivers to fasten
(e) of drivers to be fastened
(d) for drivers to be fastened

29. The new program cost a lot to develop, but it was worth _____ because of the time it has saved.

(a) expense
(b) an expense
(c) expenses
(d) the expense

30. _____, I think that it should be regarded as an exception.

(a) Having considered all things
(b) All things were considered
(c) Considered all things
(d) All things considered

31. _____ that the reform had not brought any benefits to his kingdom.
    (a) The king struck it
    (b) It was struck to the king
    (c) It struck the king
    (d) The king struck

32. _____, we went home anxious.
    (a) Not the project finishing
    (b) The project not finishing
    (c) Having not to finish the project
    (d) Not having finished the project

33. Our foundation is _____ the laws regulating charities in all 50 states.
    (a) committing to being complied
    (b) committed to being complied
    (c) committed to complying with
    (d) committing to be complied with

34. Only after the company has paid off all its debts _____ take place.
    (a) and real economic recovery
    (b) will real economic recovery
    (c) and real economic recovery to
    (d) will be real economic recovery

35. Although John failed the written test, he acted as if nothing _____.
    (a) happened
    (b) was happening
    (c) has happened
    (d) had happened

36. Corporal punishment often stops some misbehavior, but it _____ students to do better in the future.
    (a) motivates never hardly
    (b) is hardly motivated ever
    (c) hardly never motivates
    (d) hardly ever motivates

37. If I _____ at the space, I could have saved my son.
    (a) was
    (b) were been
    (c) have been
    (d) had been

38. Researchers at Washington University found _____ the best way to handle diabetes.
    (a) it regular exercise be
    (b) regular exercise to be
    (c) it regular exercise being
    (d) regular exercise being

39. Tom's car broke down on the highway, but he managed _____.
    (a) get it fix
    (b) to get fix it
    (c) getting fixed it
    (d) to get it fixed

40. _____ for a taxi, a leaf fell on my head.
    (a) Waited
    (b) Having waited
    (c) As I was waiting
    (d) I was waiting

Part III Questions 41—45

Identify the option that contains an awkward expression or an error in grammar.

41. (a) A: I bumped into Linda today.
    (b) B: Oh, really? Did you get to ask her whether she made up John?
    (c) A: Yes. And as a matter of fact, they're getting engaged.
    (d) B: Wow! That's really great!

42. (a) A: Do you think what are the chances of our winning the baseball game tonight?
    (b) B: Very slim.
    (c) A: Yeah, Korea is a tough team to beat.
    (d) B: But it's too early to give up.

43. (a) A: Do you have any plans this Sunday?
    (b) B: Well, winter is just at the corner, so I was hoping to get some cleaning done.
    (c) A: Sounds like a lot of work. I have an extra ticket to the concert; it doesn't start until seven.
    (d) B: Great! I'd love to go to the concert. I'll take care of everything before and then we'll have enough time to get there.

44. (a) A: Have you heard about the essay competition?
    (b) B: Sure. Is there any problem?
    (c) A: One of the judges is the winner's father.
    (d) B: No way. I'm sure the winner win because he had an unfair advantage.

45. (a) A: I'm so nervous about presentation today.
    (b) B: Take it easy. Everything will be okay.
    (c) A: I am already starting to shake.
    (d) B: Take a deep breath. You have nothing to worry about.

Part IV Questions 46—50

Identify the option that contains an awkward expression or an error in grammar.

46. (a) Just what are the personal qualities most essential for success in our contemporary society in the 21st century? (b) Quite possibly, two of the most important are flexibility and creativity. (c) Flexibility permits one to adapt to changes well and make quick use of new ideas and circumstances. (d) Creativity will require to find successful answers to the many challenges that come one's way.

47. (a) Greek mythology had a goddess of divine retribution named Nemesis who punished evil, particularly hubris or arrogance. (b) Interestingly, punishment didn't necessarily come to the offender straight away. (c) Avenging a crime or an offense to the gods sometimes happened generations after the fact. (d) The English word "nemesis" original meant someone who dealt vengeance but now refers to an archenemy.

48. (a) Albert Einstein once attributed his creativity as a scientist to a fact that he early dropped out of school. (b) There may be something to this observation since some other great figures have also done well without much formal education. (c) But this is not to condemn all schooling for the general purpose of school is to train good citizens, not unusual talents. (d) Society requires a degree of uniformity and consensus, two things that quiet the urge to creativity.

49. (a) Out of a long-standing balance of powers in Europe following the defeat of Napoleon in 1815, the Franco-Prussian war erupted in 1870. (b) Chancellor Bismarck's Prussian and German forces were surrounded Paris in the winter of that year. (c) The siege left the city starving and Paris fell in early 1871. (d) The eventual victory of the newly united Germany established it as the dominant power on the continent.

50. (a) Scientists use different techniques to find out the number of plants or animals in a given area. (b) To estimate the population of free-tailed bats in Carlsbad Caverns, New Mexico, scientists videotaped the animals flying out of a cave which they root in large colonies. (c) Then the scientists counted the bats in each frame of the video. (d) Sometimes scientists can use their eyes to determine a population.

Test of English Proficiency developed by Seoul National University

Actual Test 1

Actual Test 2

Actual Test 3

Actual Test 4

Actual Test 5

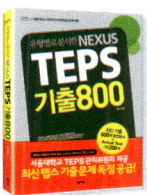
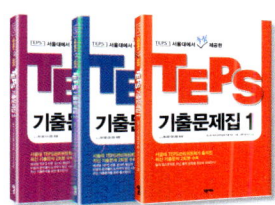

넥서스 TEPS
진품교재 리스트

TEPS 기출문제와 전략이 있으면
TEPS 1등급 가능하다!

서울대학교 TEPS관리위원회, TEPS 전문 강사, 넥서스 TEPS연구소가 탄생시킨
영역별·점수대별·전략별 TEPS 매뉴얼

TEPS 공략
No.1 ★
기본기부터 다진다

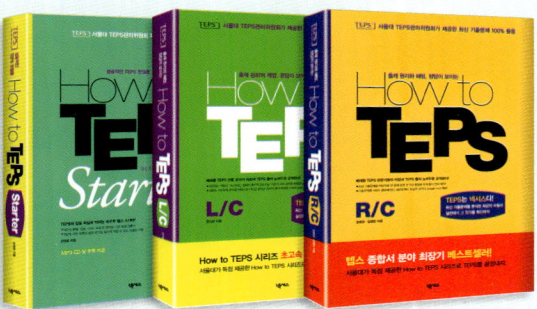

TEPS 내실을 위한 초중급 알짜 코스
전문강사들의 노하우 공개!

How to TEPS Starter
성경준 지음 | 25,000원 (MP3 CD 1장 및 부록 포함)

How to TEPS L/C·R/C
L/C 전지현 지음 | 21,500원 (카세트 테이프 별매)
R/C 송영규·김정민 지음 | 19,500원

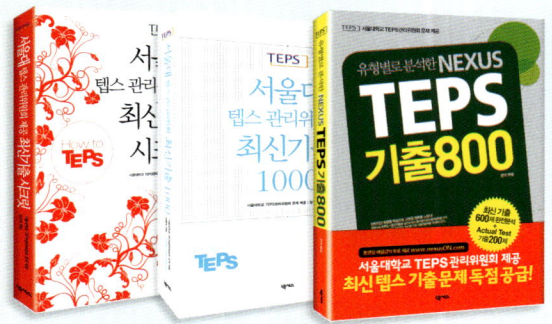

서울대 기출문제 완전 공개
출제 유형별 적응 훈련을 위한 교재

서울대 텝스 관리위원회 제공 최신기출 시크릿
서울대학교 TEPS관리위원회 문제 제공·손진숙 해설 | 20,000원 (MP3 CD 1장 포함)

서울대 텝스 관리위원회 최신기출 1000
서울대학교 TEPS관리위원회 문제 제공·양준희 해설 | 28,000원 (MP3 CD 2장 포함)

유형별로 분석한 NEXUS TEPS 기출 800
서울대학교 TEPS관리위원회 문제 제공·문덕 해설 | 25,000원 (카세트 테이프 3개 포함)

TEPS 초보 탈출을 위한 기본기 형성
청해·문법·어휘·독해 각 영역별 기초 지식 모음집

How to TEPS intro 시리즈
청해 강소영·Jane Kim 지음 | 22,000원 (MP3 CD 1장 포함)
문법 넥서스 TEPS연구소 지음 | 19,000원
어휘 에릭 김 지음 | 15,000원
독해 한정림 지음 | 19,500원

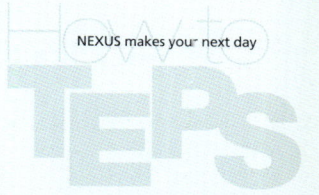
NEXUS makes your next day

TEPS 공략
No.2
전략적으로 접근한다

TEPS 어휘 정복을 위한 4주 완성 프로젝트
난이도별로 골라서 학습하는 맞춤식 어휘집

How to TEPS VOCA 2nd Edition

김무룡 · 넥서스 TEPS연구소 지음 | 12,800원(MP3 CD 1장 포함)

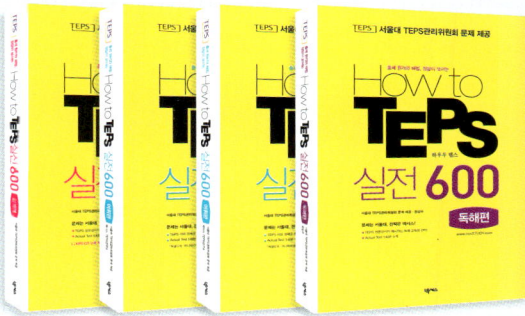

TEPS 600점 이상 획득을 위한 기초 전략 모음
청해 · 문법 · 어휘 · 독해 각 영역별 전략 마스터키

How to TEPS 실전 600 시리즈

청해 서울대학교 TEPS관리위원회 문제 제공 · 박경숙 | 19,500원(MP3 CD 1장 포함)
문법 서울대학교 TEPS관리위원회 문제 제공 · 이대희 | 17,500원
어휘 서울대학교 TEPS관리위원회 문제 제공 · 넥서스 TEPS연구소 | 15,000원
독해 서울대학교 TEPS관리위원회 문제 제공 · 정성수 | 19,000원

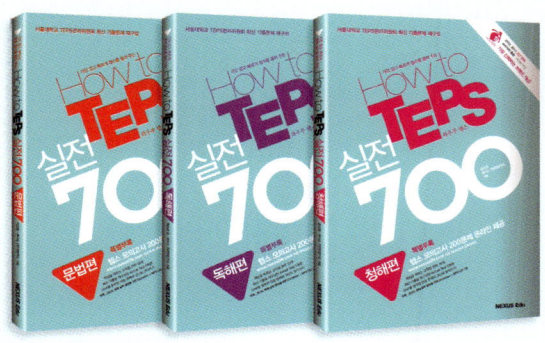

무료 온라인 모의고사, 어휘 리스트 및 점검 테스트 제공
TEPS 700점대 이상 목표 | 서울대학교 TEPS관리위원회
최신 기출문제 재구성

How to TEPS 실전 700 시리즈

청해 강소영 · 넥서스 TEPS연구소 | 16,000원 (CD 1장 포함)
문법 이산영 · 넥서스 TEPS연구소 | 15,000원
독해 오정우 · 넥서스 TEPS연구소 | 19,000원

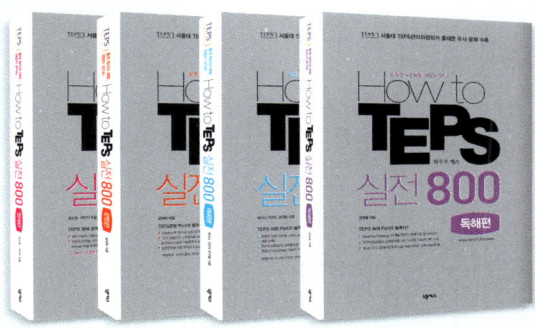

TEPS 800점 이상 획득을 위한 마지막 통과 과정
청해 · 문법 · 어휘 · 독해 각 영역별 고득점 지침서

How to TEPS 실전 800 시리즈

청해 강소영 · 서인석 지음 | 22,000원(MP3 CD 1장 포함)
문법 김태희 지음 | 15,000원
어휘 넥서스 TEPS연구소 지음 | 12,800원
독해 한정림 지음 | 22,000원

● 넥서스 수준별 TEPS 맞춤 학습 프로그램

서울대 기출문제

기출문제집 1·2 | 서울대학교 TEPS관리위원회 문제 제공 | 272쪽 | 18,000원 (CD 2장 포함)
기출문제집 3 | 서울대학교 TEPS관리위원회 문제 제공 | 272쪽 | 19,000원 (CD 2장 포함)
NEXUS TEPS 기출 800 | 서울대학교 TEPS관리위원회 문제 제공 · 문덕 해설 | 580쪽 | 25,000원 (카세트 테이프 3개 포함)
서울대 텝스 관리위원회 제공 최신기출 1000 | 서울대학교 TEPS관리위원회 문제 제공 · 양준희 해설 | 628쪽 | 28,000원 (MP3 CD 2장 포함)
서울대 텝스 관리위원회 제공 최신기출 시크릿 | 서울대학교 TEPS관리위원회 문제 제공 · 손진숙 해설 | 456쪽 | 20,000원 (MP3 CD 1장 포함)

어휘

How to TEPS VOCA 2nd Edition | 김무룡 · 넥서스 TEPS연구소 지음 | 320쪽 | 12,800원(MP3 CD 1장 포함)
How to TEPS 청해 필수 표현 1000 | 유니스 정 지음 | 304쪽 | 15,000원 (MP3 CD 1장 포함)

기출 · 어휘
모든 점수대

영역별

How to TEPS 실전 800 청해편 | 강소영 · 서인석 지음 | 436쪽 | 22,000원 (MP3 CD 1장 포함)
How to TEPS 실전 800 문법편 | 김태희 지음 | 268쪽 | 15,000원
How to TEPS 실전 800 어휘편 | 넥서스 TEPS연구소 지음 | 244쪽 | 12,800원
How to TEPS 실전 800 독해편 | 한정림 지음 | 484쪽 | 22,000원

고급
800점 이상

How to TEPS 실전 600 청해편·문법편·어휘편·독해편 | 각 권 서울대학교 TEPS관리위원회 문제 제공 | 청해 : 19,500원 |
문법 : 17,500원 | 어휘편 : 15,000원 | 독해 : 19,000원
How to TEPS 실전 700 청해편·문법편·독해편 | 강소영 · 넥서스 TEPS연구소(청해), 이산영 · 넥서스 TEPS연구소(문법),
오정우 · 넥서스 TEPS연구소(독해) | 청해 : 16,000원, 문법 : 15,000원, 독해 : 19,000원

종합서

How to TEPS L/C
전지현 지음 | 552쪽 | 21,500원 (카세트 테이프 7개 별매)
How to TEPS R/C
송영규 · 김정민 지음 | 592쪽 | 19,500원

중급
600~700점

How to TEPS intro 청해편 | 강소영 · Jane Kim 지음 | 444쪽 | 22,000원(MP3 CD 1장 포함)
How to TEPS intro 문법편 | 넥서스 TEPS연구소 지음 | 424쪽 | 19,000원
How to TEPS intro 어휘편 | 에릭 김 지음 | 368쪽 | 15,000원
How to TEPS intro 독해편 | 한정림 지음 | 392쪽 | 19,500원

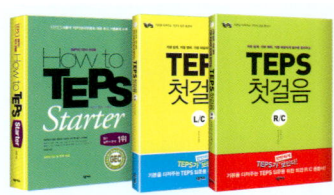

How to TEPS Starter | 성건준 지음 | 564쪽 | 25,000원 (MP3 CD 1장 포함)
TEPS 첫걸음 L/C | 유니스 정 지음 | 312쪽 | 15,000원 (MP3 CD 1장 포함)
TEPS 첫걸음 R/C | 김무룡 · 넥서스 TEPS연구소 지음 | 612쪽 | 22,000원(부록 포함)

초급
400~500점

How to TEPS 영역별 끝내기 청해 | 테리 홍 지음 | 424쪽 | 19,800원(MP3 CD 1장 포함)
How to TEPS 영역별 끝내기 문법 | 장보금 · 써니 박 지음 | 260쪽 | 13,500원
How to TEPS 영역별 끝내기 어휘 | 양준희 지음 | 240쪽 | 13,500원
How to TEPS 영역별 끝내기 독해 | 김무룡 · 넥서스 TEPS연구소 지음 | 504쪽 | 25,000원
How to TEPS 시험 직전 리얼 청해 | 넥서스 TEPS연구소 지음 | 296쪽 | 19,500원 (MP3 CD 1장 · Dictation Book 포함)
How to TEPS 시험 직전 리얼 문법 | 장보금 · 써니 박 지음 | 260쪽 | 14,000원 (TEPS 문법 핵심 비법 포함)
How to TEPS 시험 직전 리얼 어휘 | 양준희 지음 | 252쪽 | 14,000원 (TEPS 빈출 관용표현 포함)
How to TEPS 시험 직전 리얼 독해 | 넥서스 TEPS연구소 지음 | 504쪽 | 25,000원

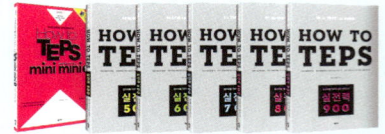

How to TEPS mini mini 1 | 서울대학교 TEPS관리위원회 편 | 164쪽 | 9,800원(MP3 CD 1장 포함)
How to TEPS 실전력 500 · 600 · 700 · 800 · 900 | 넥서스 TEPS연구소 지음 | 308쪽 | 실전력 500~800 16,500원(MP3 CD 1장 포함), 실전력 900 18,000원(MP3 CD 1장 포함)

실전 모의고사
모든 점수대